DIE SCHÖNSTEN DEUTSCHEN VOLKSSAGEN

NACHERZÄHLT VON MARJANA GAPONENKO
ILLUSTRIERT VON BURKHARD NEIE

INSEL VERLAG

Insel-Bücherei Nr. 2022

© Insel Verlag Berlin 2017

DIE SCHÖNSTEN DEUTSCHEN VOLKSSAGEN

Die Nixe vom Mummelsee

Seitdem er laufen konnte, hütete Franz Schafe. Besondere Wünsche an das Leben hatte er nicht, denn er wusste nicht, was es in der Welt alles gab. Seine Welt waren die Schafe. Solange es ihnen gut ging, ging es ihm auch gut. Eines Morgens brach er mit seiner Herde zum Mummelsee auf. Während die Schafe sich wie schmutzige Wolken zwischen den Holunderbüschen zerstreuten und gierig zu grasen begannen, setzte sich Franz nah am Wasser auf seinen Mantel. Um sich ein wenig aufzuwärmen, holte er seine Flöte heraus und stimmte eine Melodie an, die er neulich geträumt hatte. Plötzlich raschelte es im Schilf und eine nackte junge Frau mit nassen Zöpfen setzte sich zu ihm ans Ufer. »Bitte spiel weiter«, sagte sie, »ich bin ganz beseelt von deiner Pastorale.« Franz wurde rot, er versuchte zu spielen, kam aber ständig durcheinander. »Bist du etwa die legendäre Nixe aus dem See?«, fragte Franz, nachdem er allen Mut zusammengenommen hatte. »Höchstpersönlich«, erwiderte die Schöne nicht ohne Stolz. »Ich finde dich wunderschön«, gestand der Jüngling stotternd. Die Nixe lachte, die beiden wurden ein Paar und verlebten einen romantischen Sommer und Herbst. So viel Vertrauen fasste die Nixe in Franz, dass sie ihn sogar ihren lustig gepunkteten Fischschwanz anfassen ließ. Als Gegenleistung schnappte er das erstbeste Schaf und hielt es seiner Freundin zum Streicheln entgegen. »Kurios«, bemerkte diese, »man hat da unten nur mit Fischen zu tun.«

Im Winter fror der Mummelsee zu, und die Schöne konnte nicht mehr ans Ufer kommen. Dennoch kam Franz jeden Tag zum See und erfüllte die Winterluft mit schmachtenden Klängen. Bei ihrem letzten Treffen hatte die Nixe, die auf den biblischen Namen Magdalena hörte, Franz ein Versprechen abgenommen. Er hatte schwören müssen, sie niemals beim Namen zu rufen. »Tust du das, bin ich verloren«, hatte sie gesagt.

Mitte Mai, die Eisschicht auf dem See war längst weggetaut, hielt Franz es nicht mehr aus und rief eines Tages zärtlich in die Dämmerung hinein: »Magdalenchen, es blüht alles so herrlich, komm doch ans Ufer.« Doch nichts geschah. Umschwirrt von Mücken wartete er den ganzen Abend, den darauffolgenden Tag und die Tage danach. Irgendwann erschien eine weiße Seerose auf der Wasseroberfläche und glitt dem Ufer zu – der letzte Gruß der Nixe. Da wusste er, dass sie tot war. Er selbst trug die Schuld daran. »Ich Unglücklicher!«, rief er aus und schlug die Hände vors Gesicht. »Ich habe mein Wort gebrochen, das Geheimnis nicht bewahrt!« Rasend vor Schmerz rannte er zurück ins Dorf, und selbst seine Schafherde, die wuchs und gedieh, stimmte ihn bis ans Ende seiner Tage nicht mehr froh.

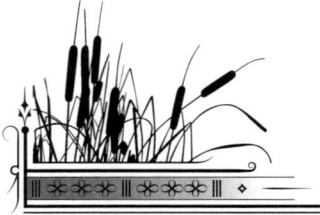

Die Weiber von Weinsberg

Entschuldigen Sie, wissen Sie, ob es noch weit bis nach Weinsberg ist?
- Keine Ahnung, fragen Sie den Bäcker.
- Sie wünschen?
- Weinsberg, ich muss nach Weinsberg.
- Fragen Sie am besten in der Pfarre nach.
- Bitte mehrmals um Entschuldigung, Herr Pfarrer, wie weit ist es noch bis nach Weinsberg?
- Weinschberg, noch nie gehört, ich kann aber nachschlagen, das koschtet aber.
- Am Geld soll es nicht liegen, Padre.
- Na, kommen Sie mit. Achtung Stufe.
- Jawohl.
- Wanzberg, Weischburg, Weinschberg, da haben wir es, die Burg Weinschberg bei Heilbronn. Isccht nit gerade um die Ecke. Burgruine bekannt unter dem Namen Weibertreu. Soll sehenswert sein, der Ort.
- Nicht nur der Ort, sondern auch seine Bewohner. Bewohnerinnen, um genau zu sein.
- Oha, Sie machen mich neugierig.
- In Weinsberg sollen die allerbesten Frauen leben, die die Welt gesehen hat.
- Hört, hört. Sie sind also auf Brautschau.
- Ich bin, wie man es so schön sagt, reif wie eine alte Pflaume. Dieses Jahr werde ich vierzig.

– Dann mit Gott, mein Sohn. Wie können Sie aber so sicher sein, dass Sie ausgerechnet dort die beschte Partie finden?
– Nun, es gibt eine Ballade von Gottfried August Bürger, die haben wir mal in der Schule auswendig gelernt. Seit einiger Zeit muss ich verstärkt daran denken, dass das Ereignis, von dem Bürger erzählt, möglicherweise tatsächlich stattgefunden hat. Und wenn dem so ist, so muss ich als traditionsbewusster Romantiker mein Glück in Weinsberg versuchen.
– Erzählen Sie mal, ich schmiere uns inzwischen ein paar Brote. Mögen Sie Schmalz?
– Aber ja! Weib mit Schmalz, Gott erhalt's.
– Also was ischt da in Weinschberg vorgefallen?
– Zwischen einem gewissen König Konrad und einem Markgrafen aus dem Geschlecht der Welfen gab es eine kriegerische Auseinandersetzung. Letzterer wurde in der Schlacht geschlagen, das weiß man aus der Geschichte. Konrad belagerte die Burg so lange, bis die Menschen dem Hungertod nahe waren.
– Ganz schön altmodisch, diese Art von Kriegsführung. Wohl bekomm´s!
– Da haben Sie aber mit dem Belag nicht gespart, Herr Pfarrer.
– Was der Herd hergibt, kommt auf den Tisch. Die Bevölkerung war also verzweifelt ...
– Gab aber nicht auf. Daraufhin ließ dieser Konrad, um die Menschen komplett zu demoralisieren, durch seinen Boten ausrichten, dass alles, was zwei Beine hat, nach seinem Einzug in die Burg am Galgen baumeln wird. Eine erschütternde Nachricht. Die Männer wurden depressiv, die Frauen liefen jammernd durch die Straßen. Einem jungen und frisch verheirateten Mädchen bereitete der Gedanke an den unappetitlichen Galgentod besonders viel Kummer. Ihr Name ist nicht überliefert, aber es soll das Verdienst dieser Person gewesen sein, dass die Geschichte doch ein gutes Ende nahm.
– Warten Sie mal, ich hole die Gläser. Vor lauter Spannung habe

ich Durscht bekommen. – Was ischt denn der jungen Frau eingefallen?
– Das kluge Mädchen soll mitten in der Nacht ins feindliche Lager gegangen sein und den König um Gnade gebeten haben. Er ließ sich erweichen, allerdings nur bis zu einem gewissen Grad. »Den Frauen von Weinsberg«, sagte er, »vorausgesetzt sie sind alle so charmant wie Sie, Fräulein, erlaube ich, die Burg zu verlassen, bevor das große Gemetzel losgeht. Nehmen Sie alles, was Sie auf dem Rücken tragen können.« Stellen Sie sich vor, auf welchen Gedanken das junge Ding daraufhin gekommen ist! Sie lief zurück in die Burg, versammelte die am Boden zerstörten Frauen um sich und sagte: »Wir dürfen abziehen und das Wertvollste mitnehmen, was wir auf dem Rücken tragen können. Uns wird nichts geschehen. Der König hat mir sein Wort gegeben. Ich persönlich nehme meinen Mann mit. Huckepack.« Und wissen Sie was? Die Frauen folgten ihrem Beispiel. Keuchend zog die Kolonne am nächsten Morgen an den Belagerern vorbei. Die Frauen schleppten ihre Männer auf den Schultern. »So war es aber nicht gedacht!«, empörten sich die Generäle, in Erwartung, dass Konrad den Befehl zum Abschuss des Gegners geben würde.
– Ich hoffe, der König hat sein Wort gehalten?
– Sonst wäre er kein König gewesen! Während die Weinsbergerinnen mit ihrer Fracht an ihm vorbeizogen, begann er zu klatschen. »Bravo«, rief er, »Hut ab vor euch, Frauen von Weinsberg! Eure List und Treue sind rührend.« – »Was sollen wir jetzt tun, Majestät?«, fragten die Generäle. »Ich gebe ein Fest«, hieß es, »mit Wein, Weib und Gesang. Das volle Programm.«
– Hat er die Burg später trotzdem eingenommen?
– Spielt das eine Rolle? Prost, Herr Pfarrer. Auf die treuen Frauen!

Der Wunderstein in der Blauquelle

Vor langer Zeit hatte im Städtchen Blaubeuren die Familie von Helfenstein das Sagen. Erst seit kurzem war es im Besitz der Helfensteiner. Agnes, die aus einem Pfälzer Adelsgeschlecht stammte, hatte Blaubeuren mit in die Ehe mit Ulrich gebracht. Der junge Mann fand seine Ehefrau nicht unsympathisch, am liebsten strich er jedoch durch die umliegenden Wälder. Nicht vor einem Altar, sondern hier unter dem Gewölbe aus mächtigen Bäumen regte sich die Ehrfurcht vor dem Göttlichen in ihm. Das Rauschen der Blätter im Wind, das morgendliche Gezwitscher der Vögel, die Luftsprünge der Rehe zwischen den transparenten Säulen der Sonnenstrahlen – diesen Zauber konnte nur, davon war er überzeugt, die Seele eines Mannes würdigen. »Nicht wahr, mein Lieber?« Er wandte sich an seinen jüngeren Bruder. Johannes, der etwas aus einem Ast zu schnitzen versuchte und vor lauter Konzentration die Zunge herausgestreckt hatte, rollte sie zurück und sagte: »Auch ein Tier versteht etwas davon.« Die missratene Flöte landete im Wacholderstrauch, und die beiden Brüder schritten vergnügt auf einem schmalen Trampelpfad zur Blauquelle. Wie eine veilchenblaue Iris leuchtete ihnen die Quelle durch die Fichtenstämme von weitem entgegen. An einem wolkenlosen Tag wie diesem kam ihr Blau diabolisch zur Geltung. Während sie am Ufer entlangschlenderten, erregte ein Stein Ulrichs Aufmerksamkeit. Hühnereigroß schillerte er wie Feuertau in einem Beet aus welkem Laub. Ulrich hob den merkwürdigen Stein auf und wog ihn prüfend in der Hand. »Wo steckst du?«, rief mit einem Mal Johannes und drehte sich auf der Stelle. »Direkt vor dir, du blinde Nuss!« Die Antwort erschreckte den jungen Mann mächtig, mit einem Satz sprang er zur Seite und begann sich wieder wie aufgezogen zu drehen. Da verstand Ulrich, dass der Stein ihn unsichtbar machte. Vorsichtig näherte er sich seinem Bruder und legte ihm den Stein in die Hand. Im selben Moment verblasste dessen Gesicht, dann sein Ober- und Unterkörper, bis nichts mehr von ihm zu sehen war. »Das macht der Stein mit uns«, meinte Ulrich, den unsichtbaren Johannes am Ärmel festhaltend. »Eine mächtige Waffe, wir dürfen ihn nicht behalten.« »Wieso? Der Stein ist doch ein Geniestreich«, entgegnete der kleine Bruder. »Nein. Wir werden in der Gosse enden, und unsere Nachkommen werden als Gauner an den Bäumen baumeln, die Ehre der Familie wird für immer dahin sein, wenn wir uns auf diese Hexerei einlassen!« Johannes stammelte noch ein paar Einwände, als Ulrich den Stein ergriff und so weit er konnte in die tiefe Quelle der Blau warf, in der Hoffnung, das Teufelszeug möge dort für immer verschwinden.

Die Melusine auf Schloss Staufenberg

Sebald, der Sohn des Verwalters von Schloss Staufenberg, hatte eine fröhliche Kindheit verbracht. Die Ausbildung, auf die sein Vater Wert legte, gründete auf Takt, Tugendhaftigkeit und Ehre. Fechten, Fremdsprachen und Reiten hielt der Schlossverwalter für neumodisch. Hauptsache, er wird ein anständiger Mensch, hieß es, wenn seine Frau wieder ins Klagen verfiel, dass sie sich für Sebald einen anderen Beruf als den des Vogelstellers wünschen würde. »Er ist nun mal ein Naturbursche, sei doch froh!«, winkte der Vater gelassen ab. Sebald selbst schätzte sich glücklich, seine Liebhaberei zum Beruf gemacht zu haben. So lebte er zufrieden in den Tag hinein, trieb sich im Stollenberger Wald herum und fing Vögel.

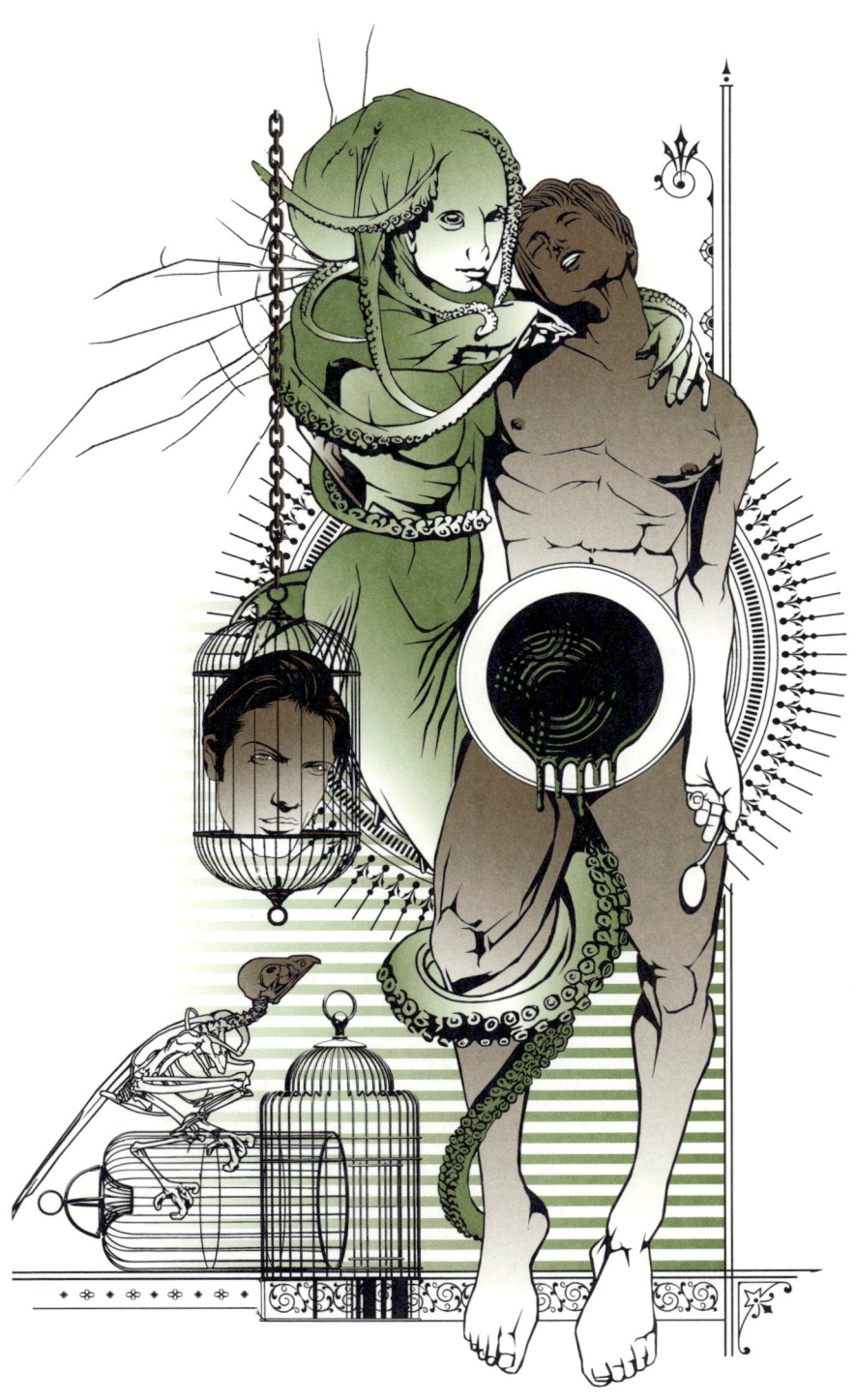

Eines Tages nahm der Lauf seiner Geschichte jedoch eine folgenschwere Wendung. Sebald hörte auf einem seiner Streifzüge einen betörenden Gesang, der eindeutig aus einer menschlichen Kehle kam. Nanu, dachte Sebald, sich einen Weg durch das Gestrüpp bahnend, welches Vögelchen strengt sich so sehr an? Plötzlich spürte er einen Blick auf sich, drehte sich um und erstarrte. Vor ihm stand, an einen moosbewachsenen Baumstamm gelehnt, eine wunderschöne Blondine, deren einziger Makel ihre grotesk verkrüppelten Beine waren. Sie erinnerten Sebald an einen Fischschwanz. »Auf dich, junger Mann, habe ich lange gewartet«, sagte die junge Frau, als Sebald näher an sie herantrat. »Man sieht es mir nicht an, doch ich habe ein Problem«, fuhr die Schöne fort, »es lastet ein Fluch auf mir, und es gibt nur einen, der mir helfen kann. Das bist du!« Sie hauchte diese Worte siegessicher. »Womit kann ich dienen?«, fragte Sebald, dem das Blut in den Schläfen pochte. »Alles was ich will, ist ein Kuss. Drei Küsse, um genau zu sein«, erwiderte die Unbekannte, die sich als Melusine vorstellte und dem jungen Mann einen üppigen Brautschatz sowie ihre Hand in Aussicht stellte, wenn er ihr den Gefallen leistete. »An drei Morgen hintereinander, pünktlich um neun Uhr«, sagte sie, »musst du mich auf den Mund küssen, dann ist der Fluch gebannt, und ich bin erlöst.« Sebald wunderte sich über Melusines Aberglauben, willigte jedoch ohne weiteres ein und küsste sie. »Komm morgen wieder«, sagte Melusine, »sieh aber zu, dass du keine Angst vor mir bekommst.«

Am nächsten Morgen war Sebald pünktlich zur Stelle. Seine Leidenschaft kühlte jedoch rapide ab – die Beine der Unbekannten kamen ihm nun deutlich missratener vor, und er glaubte Ansätze von Flügeln an ihrem Rücken zu erkennen. Zum Kuss musste er sich überwinden. Melusine nahm seine Abscheu traurig zur Kenntnis, bedankte sich und verschwand, nicht ohne Sebald noch einmal an sein Versprechen erinnert zu haben. Zum letzten erlösenden Kuss sollte es jedoch nie kommen. Sebald erschien zwar wie verabredet auch am dritten Tag um neun Uhr im Stollenberger Wald, doch als er zwischen den Zweigen eine völlig verwachsene Gestalt mit grotesk verunstaltetem Gesicht erblickte, kehrte er um und rannte fluchend nach Hause, wo er dem Vater und der Dienerschaft die verrückte Geschichte erzählte. Ein Kavalier sehe anders aus, hieß es. Er sei wohl ein rechter Feigling.

In den darauffolgenden Monaten und Jahren mied Sebald den Stollenberger Wald, und auch das Interesse an Frauen schien er verloren zu haben. Er hätte gewiss nie geheiratet, wenn seine Eltern sich nicht eingemischt hätten. Eine Braut, die Tochter des Oberförsters, wurde gefunden, und die Hochzeit im Schloss Staufenberg gefeiert. Sebald saß friedlich an der festlichen Tafel und beäugte mit wachsendem Wohlwollen das junge hübsche Ding an seiner Seite. Plötzlich wurde ihm schwarz vor Augen, er röchelte, fasste sich an den Hals und kippte mit dem Kopf voran in den Teller mit dem Dessert, das ihm eine blonde, durch Kinderlähmung schwer gezeichnete Dienerin eben noch serviert hatte.

Das Rockenweiblein bei Schloss Eberstein im Schwarzwald

Was eine Bäuerin aus dem Murgtal dazu veranlasst hat, ihr Leben in einer unterirdischen Kammer im Rockenfels zu verbringen, ist nach wie vor ein Rätsel. Überliefert sind jedoch ihr Gerechtigkeitssinn und ihre flotte Zunge. Weil sie an den Menschen und ihren Sorgen interessiert war, begab sie sich, bucklig und durch grauen Star auf einem Auge erblindet, immer wieder an die Erdoberfläche. Oft kehrte sie in die Spinnstuben auf Schloss Eberstein ein, wo sie die fleißigen Leibeigenen mit ihren Geschichten bei Laune hielt. Eine gewisse Männerfeindlichkeit wird der alten Bäuerin auch nachgesagt. Vor der Dorfkneipe *Zum letzten Hemd* soll sie jedes Mal auf den Boden gespuckt haben. Es ist nicht verkehrt, anzunehmen, dass das Weiblein in ihrer Jugend vom sogenannten starken Geschlecht

nicht gut behandelt worden war. Den Burgvogt, der auf Schloss Eberstein sein Quartier hatte, soll sie besonders gehasst haben. Schließlich ließ sie all ihren Zorn an ihm aus – zu Recht, er habe es verdient, hieß es, der Burgvogt soll ein grausamer und unberechenbarer Mann gewesen sein. Manche fanden das Rockenweiblein jedoch noch viel hartherziger. Der Vorfall, der hier beschrieben wird, gibt dem Schild, das über der Dorfkneipe von Eberstein prangt, jedenfalls eine ganz neue Bedeutung. Wer weiß, wenn sich die Küchenmagd Klara nicht in den Schlossgärtner Karl verliebt hätte, so wären dem Burgvogt vielleicht ein paar Jährchen mehr vergönnt gewesen. Klara, die eine Leibeigene war und ohne die Einwilligung des Vogtes ihren Herzensjungen nicht heiraten durfte, weinte sich eines Tages bei der alten Jungfer aus. Sie erzählte ihr, dass sie den Burgvogt um seine Zustimmung zur Heirat gebeten hatte, auf Knien habe sie ihn angefleht, doch der Wüstling hatte sie verhöhnt. »Ans Fenster hat er mich gezogen«, klagte Klara, »und dann hat er mit dem Finger zum Friedhof gezeigt, siehst du die Nesseln auf dem Grab deiner Eltern, hat er gesagt, aus diesen Nesseln sollst du einen Faden spinnen und aus diesem Faden so viel Leinwand, dass es für zwei Hemden reicht, eins für dein Brautkleid, und eins für mein Totenhemd, in dem man mich einmal unter die Erde bringen wird. Wenn du es schaffst, diesen Auftrag zu erfüllen, so kannst du von mir aus deinen Halunken heiraten.« »Unverschämt«, schimpfte die Alte, »dem werde ich eine Lehre erteilen.« Daraufhin trottete sie zum Friedhof und suchte nach dem Grab von Klaras Eltern. Als sie es unter den Brennnesseln entdeckt hatte, seufzte sie, spuckte in die Hände, die Nesseln verschwanden in der Schürze, und die alte Frau selbst verschwand für Wochen in ihrer unterirdischen Kammer, um sich dort Klaras Auftragsarbeit zu widmen. Nur ab und zu setzte sie sich an die frische Luft und streckte ihre eingeschlafenen Glieder in der Sonne. So ruhte die Alte eines Tages vor dem Rockenfels, als der Burgvogt mit seiner Jagdgesellschaft an ihr vorbeiritt und sie in eine Staubwolke hüllte. Als der stolze Jäger eine wüste Verwünschung hinter seinem Rücken hörte, kehrte er um. »Was hast du gesagt?«, fragte er zornig. »Habe Euer Gnaden viel Gesundheit gewünscht«, log die Alte. »Ich habe aber etwas anderes verstanden, du Hexe, weg mit dir!«, und schon sauste die Peitsche durch die Luft. Das Rockenweiblein wurde um eine schmerzliche Männererfahrung reicher.

Bald darauf erschien Klara in der Dorfkneipe vor dem Burgvogt, der in heiterer Stimmung vor seinem Bierkrug saß. »Ich bitte untertänigst um Entschuldigung«, sprach Klara ihn an, »hier sind die beiden Hemden, mein Brauthemd und Ihr Totenhemd, verfertigt aus den Nesseln vom elterlichen Grab, wie Sie es von mir verlangt haben.« »Prima«, erwiderte der Burgvogt, dem die gute Laune beim Anblick der beiden Hemden schwand, ohne dass er sagen konnte, warum. »Ich stehe zu meinem Wort. Heirate deinen Gärtner, werdet glücklich.« Klara fiel dem Mann um den Hals. »Möchten Sie mich zum Altar führen? Einen Vater habe ich ja nicht mehr.« »Schon gut, Kindchen, ich führe dich gerne zum Altar.« Der gerührte Burgvogt schüttelte Klara ab, zahlte und ging. Am nächsten Morgen fand man ihn tot in seinem Schlafzimmer, das Totenhemd lag ausgebreitet wie ein strahlend weißer Frauenkörper an seiner Seite.

Notburga in Hochhausen am Neckar

Notburga, die Tochter des Frankenkönigs Dagobert, hatte sich von einem Wandermönch taufen lassen und lebte nun schon seit einigen Jahren als Christin inmitten einer erzheidnischen Gesellschaft. Im siebten Jahrhundert stieß Notburgas Bekenntnis zum alleinigen Gott in höchsten Kreisen nicht nur auf Unverständnis, sondern wurde als Debakel angesehen, denn die junge Dame war damit auf dem Heiratsmarkt kaum mehr zu vermitteln. Seit geraumer Zeit schon suchte Dagobert nach einem Kandidaten, der sich endlich mit dem Wendenfürsten Samo fand. Dieser hatte immer wieder Krieg gegen das Frankenreich geführt und war durch die langjährige Fehde nun selbst so geschwächt, dass er gerne bereit war, König Dagoberts Schwiegersohn zu werden. Dass Notburga Christin war, schien den Wenden nicht zu stören. »Das kriegen wir schon hin«, versprach der selbstbewusste Bräutigam Dagobert. »Euer schönes Töchterchen werde ich mit Geschenken überhäufen. Der Luxus hat den Frauen schon immer die Flausen ausgetrieben.« Die Verlobung wurde gefeiert. Notburga nahm die Feierlichkeiten ihr zu Ehren in ihrer Kammer zur Kenntnis. Im Morgengrauen packte sie ihre Sachen und verließ das Schloss in Richtung Neckar. Dem Willen ihres Erzeugers hätte sie sich als Ungetaufte gebeugt, nun aber diente sie einem anderen Herrn. »Siehst du die Hirschkuh am Ufer?«, sprach die Stimme in Notburgas Kopf. »Nähere dich ihr ohne Angst und schwinge dich auf ihren Rücken. Sie wird mit dir zur Felswand ans andere Flussufer schwimmen, dort findest du eine Höhle, dein neues Zuhause.« Die Hirschkuh ließ es tatsächlich geschehen, dass sich die junge Frau auf ihren Rücken setzte, trug sie über den Fluss und in die Höhle und wich von nun an nur mehr von Notburgas Seite, um die Eremitin mit den Essensresten zu versorgen, die der Küchenjunge jeden Morgen auf die Müllhalde vor das Schloss warf. Einmal fiel die weiße Hirschkuh dem König auf, und er folgte der Diebin als Fischer verkleidet in einem Boot.

Als Dagobert seine Tochter in der Höhle fand, war er gerührt von der Festigkeit ihres Glaubens, die sie alle Entbehrungen mit frohem Mut ertragen ließ. Doch als er sie inständig bat, doch mit ihm nach Hause zu gehen, schüttelte Notburga nur stumm den Kopf. »Du Undankbare!«, brüllte Dagobert, der plötzlich von heftigem Zorn überfallen wurde. »Du kommst mit!« Er packte sie am Arm, doch Notburga stand wie festgewurzelt. Da schlug er mit dem Schwert nach ihr und trennte ihr den Arm vom Leib. Der Bewusstlosigkeit nah, sah Notburga eine Schlange vor sich. Auf dem kleinen Kopf glitzerte eine Krone, die auch aus den Flugschirmen eines Löwenzahns hätte sein können. »So heile ich dir deine Wunde«, sagte die Schlange, und die Königstochter schwor, ihr weiteres Leben den Ärmsten der Armen zu widmen. So lebte sie in ihrer Höhle – einarmig, von der weißen Hirschkuh und der Schlange umsorgt, selbst Menschen heilend und predigend.

Viele Pilger, die Notburga in ihrer bescheidenen Behausung besuchten und ihren Geschichten lauschten, fanden Gefallen an der Botschaft des Christentums. Es waren einfache Leute, die nichts anderes taten, als zu arbeiten. Wie schön war es für sie, endlich Wertschätzung ihrer sonst so missachteten Tätigkeit zu erfahren! Macht euch die Erde untertan. Wer nicht arbeitet, soll auch nicht essen – das hat sie wie Tausende und Abertausende ihresgleichen überzeugt.

Jahre später starb Notburga. Vor ihrem Tod bat sie ihre Schüler, ihren Leichnam auf einen mit ihrer geliebten Hirschkuh bespannten Wagen zu laden. Dort, wo das Tier anhalten würde, solle ihr Grab sein und eine Kapelle errichtet werden. An dieser Stelle erhebt sich nun seit Jahrhunderten die Kirche von Hochhausen, die neben dem Grab auch das Standbild der Jungfrau beherbergt. Die Pilger, die hier ab und zu vorbeischauen, heißen Touristen, sie staunen und streiten über Notburgas fehlenden Arm.

König Watzmann

Ob König Watzmanns Grausamkeit wirklich den Rahmen des Zeitgemäßen sprengte, ist ein beliebter Streitstoff unter den Touristen, die es meistens per Fünf-Sterne-Bus ins Berchtesgadener Land verschlägt. Hier ist Watzmanns Heimat. Zurückgezogen soll er gelebt haben und keiner weiteren Beschäftigung nachgegangen sein als dem Tyrannisieren der heimischen Bevölkerung. Seine Frau, die sieben Kinder und ein Rudel urdeutscher Schäferhunde waren das Einzige, woran sein Herz hing. Fröhlich sah man ihn nur bei der Hetzjagd, jenem Altherrensport, der die Geschöpfe des Waldes bekanntlich ohne Chance lässt. Watzmanns Frau und Kinder standen ihm als Jäger in nichts nach. Es gab Tage, da jagte die Teufelssippe, ohne ihre Pferde zu schonen, und brach eines erschöpft zusammen, wurde so lange auf seinen Kopf eingeschlagen, bis sich die Pferdeseele erleichtert zu ihrem Schöpfer schwang. Jeder hat schon einmal den Druck der inneren Stimme gespürt, die einen anfleht, heute doch nicht vor die Tür zu gehen. Auch König Watzmann glaubte an jenem trüben Herbstmorgen beim In-sich-hinein-Horchen noch etwas anderes außer Bauchgrummeln gehört zu haben. Er zögerte zum ersten Mal seit langem, erschrak darüber sehr und deutete dies als ein Zeichen beginnender Verweichlichung. »Nicht ausreiten steht nicht zur Debatte«, murmelte er, »du nimmst die schärfsten Rüden und die schnellsten Pferde.« So dachte er bei sich, während er sich zu seiner letzten Hetzjagd kleiden sollte. Seine Bedenken kamen ihm lächerlich vor, als er seiner Frau im Schlosshof gegenüberstand und das ungestüme Feuer in ihren Augen sah, weswegen er ihr auch nach zwanzig Jahren Ehe wie am ersten Tag verfallen war. Sie küssten sich leidenschaftlich. Im Nieselregen ging es zur Jagd. Watzmann ritt seiner Familie voraus. Plötzlich sah er ein zerlumptes Wesen mit Kopftuch, das am Wegesrand in gebückter Stellung Reisig sammelte. Verängstigt schielte die arme Alte über die Schulter zu ihm herüber, ihr Anblick widerte ihn an und machte ihn aggressiv. Einen Augenblick lang kämpfte er mit sich selbst, dann riss er sein Pferd herum und ritt auf sie zu. Als der Rappe Anstalten machte, über das bucklige Wesen zu springen, schlug Watzmann sein Opfer mit dem Peitschenknauf nieder. Heiser stieß die Alte einen Fluch nach dem anderen aus und rief sogar um Hilfe. Watzmann sprang vom Pferd, um das hässliche Weib totzutreten. Seine Stiefel, in denen die Füße langsam zu schmerzen begannen, färbten sich rot vom Blut der Sterbenden.

»Versteinern sollst du mitsamt deiner Brut« – das war der letzte Fluch, den die alte Frau noch röcheln konnte, bevor sie endlich verstummte.

»Bravo!« Watzmann drehte sich um und blickte in die anerkennend lächelnden Gesichter seiner Familie. Da spürte er plötzlich eine ungeheure Schwere in seinen Gliedern, und gleichzeitig war es ihm, als würde er sich über alles erheben. Er blickte an sich herab, seine Diener, Pferde und Rüden, klein wie Ameisen, krochen zu seinen Füßen wirr durcheinander. Entsetzt drehte er sich um, der Ausblick raubte ihm den Atem, er sah hinab ins Berchtesgadener Land, die winzigen Dörfer mit ihren spitzen Kirchtürmen wie hingetupft in dem sich bis zum Horizont ziehenden Grün. Das Letzte aber, was er sah, waren seine sieben Kinder und die Ehefrau, die, genauso riesig wie er selbst, ihre Arme nach ihm auszustrecken versuchten. Doch da war die ganze Familie schon zu Fels erstarrt und zum ewigen Wahrzeichen geworden.

Der Turm des Rathauses von Rothenburg

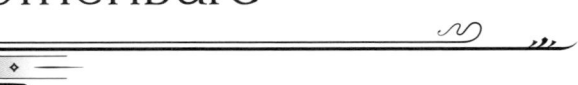

Den Bewohnern des Städtchens Rothenburg wird ein besonders inniges Verhältnis zu Störchen nachgesagt. Ausschlaggebend dafür soll ein Exemplar dieser Spezies gewesen sein, das ein Verhalten an den Tag legte, das man für gewöhnlich nur Menschen zutraut. Dieser Vogel, der vor Jahrhunderten im Rathausturm nistete, soll sich für eine Gemeinheit seitens eines der Turmwächter gerächt haben und dadurch zur Legende geworden sein. Passiert ist Folgendes: In Rothenburg wurden im späten Mittelalter zwei Turmwächter angestellt, deren Aufgabe darin bestand, auf den Steinkranz des damals neu errichteten Turms zu steigen und nach möglichen Gefahren Ausschau zu halten. Der eine Wächter, ledig und sommersprossig, nennen wir ihn Ulrich, könnte der Stammvater aller Birder gewesen sein. Was unten in der Stadt oder außerhalb der Stadtmauern vorging, schien für ihn nicht zu existieren, wenn er seine Lieblinge in ihrem Nest beobachtete. Der andere Turmwächter, sein Name war wohl Grimmhold, verheiratet mit einem herrischen und zänkischen Weib, ärgerte sich über den Dreck, den die Vögel produzierten,

und fluchte lautstark, wenn er morgens eine halbe, von den Küken verschmähte Otter oder einen verwundeten Laubfrosch zwischen den Zinnen des Turms fand. Eines Tages warf er die jungen Tiere, angespornt vom Geschimpfe und Gekeife seiner Frau, eines nach dem anderen aus dem Nest. Dämlich grinsend schaute er ihnen hinterher und glaubte, jedes Mal das Geräusch ihres Aufpralls auf dem Kopfsteinpflaster zu hören. Sein Kollege ertappte ihn bei dieser Beschäftigung. Es entbrannte ein Streit, der durch das Erscheinen eines der Elternstörche ein unerwartetes Ende nahm. Mit einem brennenden Holzscheit im Schnabel näherte sich der Vogel seinem leeren Nest und ließ es ins Stroh fallen. Mit dem Nest fing auch der hölzerne Turmaufbau Feuer, und augenblicklich stand alles in Flammen. Der Vogelfreund Ulrich konnte sich retten, Grimmhold und seine Frau hingegen sprangen brennend in die Menge der Gaffer und ließen ihr Leben. Vom Turm blieben die Mauern stehen, nicht aber der Steinkranz, der später durch einen eisernen ersetzt wurde.

Der Rabe
auf Burg Stolzeneck

Eine der imposantesten Burgruinen Deutschlands liegt auf einem Felsvorsprung über dem Neckar und trotzt seit Jahrhunderten Wind und Wetter. An manchen Morgen im Frühherbst könnte ein zufälliger Wanderer, wenn er den Blick zu der im Nebel verschwimmenden Ruine hebt, leicht glauben, dass die alten Burgbewohner zurückgekehrt seien – scharrende, surrende und kratzende Geräusche schallen zu ihm herüber, als würde die eifrige Dienerschaft den Besen schwingen, Teppiche ausklopfen und alte Kessel putzen. Doch das sind lediglich die Krähen, die auf dem Wehrgang Schabernack treiben. Von diesem Wehrgang aus pflegte eine junge Dame vor langer Zeit nach ihrem Bruder Ausschau zu halten. Wenige Monate zuvor war er ins Heilige Land aufgebrochen, und so bald war mit seiner Rückkehr nicht zu rechnen. Die alte Amme der Geschwister tröstete das Mädchen, so gut sie konnte. Oft weinten sie gemeinsam über ihr untätiges, zum ewigen Warten verdammtes Frauendasein. So zog sich die Zeit dahin. Das Fräulein wuchs heran und flanierte nun stolz auf ihre erblühten Reize auf dem Wehrgang der Burg. Ihren Blick richtete sie verträumt zum Horizont, in der

Vorfreude auf einen Bräutigam, der dort hoffentlich bald auftauchen würde. Was die Schönheit von Burg Stolzeneck nicht wusste, war, dass ein verwitweter Ritter aus der Nachbarschaft bereits ein Auge auf sie geworfen hatte. Nachdem er ihr zum ersten Mal einen Besuch abgestattet hatte, sagte das Fräulein enttäuscht zur Amme: »Abstoßend wie eine alte Kröte ist der Kerl und feige noch dazu. Wieso ist er nicht im Heiligen Land und kämpft wie jeder andere anständige Edelmann gegen den Feind?« »Der ist nicht feige, Schatz«, erklärte ihr die Amme, »der ist einfach zu alt für die Strapazen des Krieges.« Er selbst hielt sich jedoch für jung genug, um nochmals in den Hafen der Ehe einzufahren. Schon kurze Zeit später kam er wieder und hielt um die Hand des Mädchens an. Doch die Jungfrau wies ihn ab: »Für diese Abfuhr werdet Ihr büßen«, drohte er. Noch in der Nacht kam er mit einem Heer von Söldnern angeritten, drang ohne großen Widerstand von Seiten der greisen Dienerschaft in die Burg ein und schlitzte alle ohne Mitleid auf, auch die Amme, die sich schützend auf ihren Liebling geworfen hatte. Nur das Fräulein verschonte er und befahl, es in den Turm zu werfen. Seine Hoffnung, ihren Willen durch Aushungern zu brechen und so ihr Ja-Wort zu erzwingen, wurde jedoch enttäuscht. Täglich kam der Ritter zum Turm, wo die Gefangene saß, und fragte, ob sie ihre Meinung geändert habe. Ein resolutes Nein war jedes Mal die Antwort. So vergingen mehrere Jahre. Das unverwüstliche Burgfräulein war noch immer nicht zu einer Heirat zu bewegen. Im Gegenteil, sie wurde immer frecher. »Wenn mein Bruder erst zurück ist, seid Ihr ein Kind des Todes«, drohte sie. Darüber konnte der Ritter nur lachen. »Sag mir lieber, wieso du noch nicht verhungert bist!«, brüllte er zum Turm hinauf. »Die Kraft des Glaubens hält mich am Leben«, schallte es aus dem Turm zurück. Das war natürlich gelogen. Das Burgfräulein hatte das Glück, einen zahmen Raben zu besitzen, der sie rührend mit Essen versorgte. Mal brachte er eine Scheibe Brot, die er aus der Küche des benachbarten Bauernhofs stibitzt hatte, mal trug er Pilze, Beeren und Kräuter des Waldes in seinem Schnabel herbei. Der Ritter kam immer noch zum Turm, allerdings nur mehr einmal die Woche. Er hatte Gicht bekommen und ging nun an Krücken. »Habt Ihr Eure Meinung geändert?«, fragte er mit schwacher Stimme. Nach einem scharfen Nein trollte er sich wieder. Einige Male kam er zum Turm, kratzte sich am Kopf und kehrte wieder um. Sein Gedächtnis ließ ihn immer häufiger im Stich. Manchmal ging er nur unterhalb der Burg spazieren und bewunderte die Aussicht. Dort begegnete er eines Tages dem heimkehrenden Ritter von Stolzeneck. Dieser hielt ihn für einen Eindringling und stach ihn nieder. Erst später erfuhr er von seiner Schwester, die er völlig verwahrlost in einem der Türme fand, was ihr angetan worden war. Dem treuen Raben dankten die Geschwister, indem sie ihm aus dem Fleisch des Unholds ein herzhaftes Mahl bereiten und das Abbild des Vogels in Stein hauen und in einem Bogen der Burg anbringen ließen. Nach dem Tod der drei wurde die Burg dem Verfall preisgegeben, doch das Bildnis des Raben kündet noch heute von seiner Liebe und Treue.

Die zwei buckligen Musikanten zu Aachen

Trotz Repressalien seitens der katholischen Kirche pflegten die Hexen stets einen regen Austausch. Immer in der Nacht vom 30. April auf den 1. Mai trafen sie sich zum geselligen Beisammensein. In der Walpurgisnacht des Jahres 1489 verschlug es einen armen, buckligen Musiker aus Aachen auf ein solches Fest. Er hatte am Abend auf einer Hochzeit in einem Nachbardorf gespielt, bekam erst kurz vor Mitternacht seinen Lohn und machte sich auf den Heimweg. Mit einer Fackel in der Hand lief er die leere Landstraße entlang. In der Ferne jaulte ein Hund, ein anderer antwortete. Im Mondschein lag die Stadt vor ihm. Bald erreichte er die Stadtmauern und wunderte sich, dass kein Posten weit und breit zu sehen war. Als er in die Nähe des Fischmarkts kam, hörte er, dass dort ein Fest im Gange war. Er betrat den Platz und traute seinen Augen nicht. Auf den Fischbänken, wo tagsüber Flusskrebse angeboten wurden, blinkten Kristallkaraffen und glänzte Tafelsilber im Kerzenlicht. Junge Frauen und Mädchen saßen nebeneinander, aßen und tranken so vornehm, wie es der Hochzeitsgeiger noch an keiner Tafel erlebt hatte. Da entdeckte ihn eine der Frauen, erhob sich und winkte ihm zu. »Spiele uns deine Weisen, wir sind in Tanzlaune!«, rief sie. Den Gefallen wollte er ihnen gerne tun, stellte sich breitbeinig vor den Springbrunnen und begann lustig zu fiedeln. Er hätte noch die ganze Nacht so spielen können und den wilden Tänzen der Damen zuschauen, doch Schlag Viertel vor eins war der Spuk vorbei. Die Runde zerstreute sich, die Frauen schwangen sich allein oder paarweise auf ein Pferd, das sie an den Laternen oder Bäumen angebunden hatten, und ritten davon. Auch der Junggeselle wollte sich auf den Heimweg machen, als eine Hand ihm sanft auf die Schulter tippte. »Wolltest du ohne Lohn gehen?«, fragte ihn die Frau, die ihn zum Spielen aufgefordert hatte. »Der höchste Lohn war mir Euer Anblick«, stammelte der Bucklige. »Zieh deine Jacke aus«, sagte sie, spuckte in die Hände und begann, seinen deformierten Rücken zu kneten. Es dauerte nicht lange, bis sein Buckel sich in Luft auflöste. Dann verschwand auch sie in einer der Gassen. Der Geiger fürchtete, dass alles nur ein Traum gewesen war, und fasste sich ungläubig an den Rücken. Doch nein, es war Wirklichkeit, der Höcker war verschwunden, und so schritt er überglücklich nach Hause. Als er die Jacobgasse erreichte, wo er eine bescheidene Stube im Dachgeschoss eines baufälligen Fachwerkhauses bewohnte, griff er in die Tasche nach dem Schlüssel. Nein, das konnte nicht wahr sein – jetzt wusste er, warum ihm die Jacke so schwer erschienen war. Beide Taschen waren mit Geld gefüllt.

Seine Geschichte sprach sich in Aachen herum, und bald träumte jeder Musikant von einer Begegnung mit den Zauberinnen auf dem Fleischmarkt. Einer von ihnen, der ebenfalls einen großen Buckel hatte, wartete mit Spannung auf die nächste Walpurgisnacht. Die Hexen werden so gnädig sein und auch mir ihre Großzügigkeit erweisen, wenn ich gut genug spiele. Und spielen kann ich wie ein Teufel, dachte er. Und tatsächlich fand er das Fest im

Gange und wurde aufgefordert, zu spielen. Als sich die Reihen der Hexen zu lichten begannen, trat er vor die Gastgeberin und verlangte forsch, ihn von seinem Buckel zu befreien und ihm seinen Lohn auszuhändigen. Dies missfiel der Oberhexe so sehr, dass sie ihm zur Strafe einen zweiten Buckel auf die Brust setzte und ihn ohne Bezahlung davonjagte.

Die Jungfrau am Drachenfels

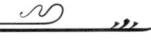

Der Name der Burg Drachenfels am malerischen Rhein erinnert an einen grausamen Abschnitt unserer Geschichte. Zu heidnischen Zeiten hauste dort ein riesiger Lindwurm. Er wohnte in einer Höhle im Fels und kam nie in die Dörfer. Damit das so blieb, sorgten die Bewohner der Gegend dafür, dass sein Appetit durch regelmäßige Menschenopfer gestillt wurde. Meist wurden ihm arbeitsunfähige Sklaven oder Kriegsgefangene zum Fraß vorgeworfen. Auf einem ihrer Raubzüge hatten die Rheinländer auch eine junge Christin von beispielloser Schönheit erbeutet. Man stritt sich erbittert um ihren Besitz, bis der Rat der Ältesten ein Urteil fällte. Um die Zwietracht unter dem Volk zu beenden, sollte das Mädchen dem Drachen geopfert werden. Im Morgengrauen wurde die schöne Jungfrau ans Rheinufer gebracht, ganz in Weiß gekleidet. Sie trug ein selbstgeschnitztes Kreuz in der Hand und schaute ergeben zum Himmel auf. Bei ihrem Anblick überfiel viele der herbeigeeilten Schaulustigen großes Mitleid. Beim ersten Hahnenschrei kroch der Drache aus der Höhle und starrte das Mädchen aus geröteten Augen an. Da hob diese das Kreuz in die Höhe und begann zu singen. Mit jeder Strophe ließ sie die Hand mit dem Kreuz tiefer sinken, bis sie es dem Tier sanft auf seine flache Stirn drückte. In diesem Moment hauchte es das Leben aus. Die Ältesten waren so ergriffen, dass sie einen Boten in das nächstgelegene christliche Gebiet sandten, mit der Bitte, es möge ein Priester kommen und sie den neuen Glauben lehren.

Die Loreley

Bei Goarshausen am Rhein lebte einst auf einem Felsen eine schöne blonde Jungfrau, von den Männern gefürchtet, von den Frauen gehasst, die viele unschuldige Jünglinge ins Verderben stieß. Von ihrem Gesang betört, achteten die Schiffer nicht mehr auf die gefährlichen Klippen und versanken elend im Fluss. Auch Ulrich, der Sohn des Landgrafen, konnte Loreleys Charme nicht widerstehen und nahm seinen Tod leichtsinnig in Kauf. Bereits als Kind hatte er von der Todessängerin gehört und betrachtete den Felsen am gegenüberliegenden Ufer immer mit Schrecken, wenn er mit seinem Vater in den Wäldern der Gegend jagen war. Der alte Landgraf hingegen wollte nichts davon wissen: »Hör mir auf, von irgendwelchen Nixen zu faseln«, knurrte er, als sie auf ihrem letzten gemeinsamen Ausritt über das Schiffsunglück vom Vorabend sprachen, »die Natur hat es so eingerichtet, dass hier die gefährlichste Stelle für die Rheinschifffahrt ist. So wie du blaue Augen hast, gibt es im Rhein Sandbänke. So wie ich keine Zähne mehr habe, gibt es im Rhein Riffe, verstanden?« Sein Sohn sagte nichts und nickte nur. Doch schon am selben Abend verließ er heimlich sein Zelt und ließ sich ans andere Ufer übersetzen. Die kurze Fahrt verlief reibungslos. Zu Füßen des

berüchtigten Felsens ging er von Bord und lachte erleichtert auf. Auch der Fährmann und die beiden Ruderer atmeten auf. »Wo sitzt das Fräulein für gewöhnlich?«, erkundigte sich Ulrich. »Zuerst die Bezahlung«, sagte der Fährmann, »wer weiß, ob Sie überhaupt zurückkehren.« Ulrich zahlte den vereinbarten Preis, befahl, auf ihn zu warten, und begann, die Ostseite des Felsens hinaufzuklettern. Obwohl er kein guter Kletterer war, gelang ihm der Aufstieg mühelos. Seine Füße und Hände schienen von selbst zu wissen, wo sie sich am besten festzuklammern hatten. Die letzten Meter zum Plateau nahm er leichtfüßig wie ein Eichhörnchen. Plötzlich hörte er, wie er beim Namen gerufen wurde. »Ulrich«, wiederholte die Stimme, und eine große Sehnsucht erfüllte ihn. »Ulrich, mein Herzenstäubchen, auf dich allein warte ich, nur auf dich. Die Luft ist kühl, und es dunkelt, und ruhig fließt der Rhein, der Gipfel des Berges funkelt, aber ich harre dein.« »Ich komme!«, rief der Jüngling, löste die Hand und griff ins Leere. Seine Füße verloren den Halt, und er stürzte den Abhang hinunter. »O weh!«, stieß der Fährmann hervor, als der Körper des Jungen neben ihm auf den Steinen aufschlug. »Nichts wie weg!«

Am nächsten Morgen teilte man dem Landgrafen mit, dass man eine Leiche aus dem Rhein gefischt habe und es sich dabei offenbar um seinen Sohn Ulrich handle. Natürlich sei dies das Werk der Loreley, hieß es von allen Seiten. Doch der Landgraf weigerte sich, dem Glauben zu schenken, und beharrte darauf, dass es keine Wassergeister gab. Zur Bekräftigung seiner Überzeugung ließ er entlang des Rheinufers kurz vor der tückischen Windung eine Reihe von Schildern aufstellen, um die Schiffer vor der gefährlichen Strömung zu warnen. Dies verärgerte die eitle Nixe so sehr, dass sie den Felsen verließ und fortan nie wieder gesehen wurde. Nur ihr Gesang soll in manchen Nächten noch zu hören sein.

Der Binger Mäuseturm

Ein Zugreisender, der seinen Blick über die sanfte Rheinlandschaft zwischen Koblenz und Mainz schweifen lässt, wird den sogenannten Mäuseturm nicht übersehen. Das einsame Gemäuer, das sich auf einer schmalen Felseninsel nahe dem berüchtigten Binger Loch mitten im Rhein erhebt, ist ein düsterer Anblick, und es gibt kaum eine Geschichte, die grausiger ist als die von Hatto, dem Erzbischof von Mainz, und seinem unappetitlichen Ende, das sich im Mäuseturm zugetragen haben soll.

Hattos Regierungszeit als Kirchenfürst fällt in die zweite Hälfte des 10. Jahrhunderts – zeitgleich mit einer schrecklichen Hungersnot. Die sonst so gemütlichen Rheinländer wurden zu gefühllosen Kannibalen. Familien aßen sich gegenseitig auf, während bei Hatto der Kornspeicher aus allen Nähten platzte. Irgendwann hieß es, die Hungernden pochen an die Tore und verlangen Brot. Hatto überlegte nicht lange und gab den Befehl, die Frage der Notleidenden endgültig zu lösen. »Sperrt sie in eine Scheune, und zündet sie an«, sagte er, »Brot hin oder her – für manche wird es einfach nicht

besser.« Die misstrauischen Menschen weigerten sich, die Scheune zu betreten, doch als es hieß, der Erzbischof sei da und werde jedem einen Sack voll Korn und seinen Segen geben, strömte alles hinein. Augenblicklich wurden die Scheunentore geschlossen, und brennende Holzscheite flogen von allen Seiten auf das Dach. Es erhob sich ein Gebrüll, das bis in Hattos Speisesaal drang, wo gerade ein Bankett in vollem Gange war. Mit einem Hühnerschenkel in der Hand hielt der Fürst inne und horchte zusammen mit seinen Gästen. Die meisten hatten aufgehört zu kauen und saßen ohne zu blinzeln auf ihren Plätzen. »Eine richtige Mäuseplage haben wir neuerdings«, sagte Hatto, »hört nur, wie sie im Gebälk piepsen!«

Diese Worte bereute der Kirchenfürst in der Nacht, als er im Halbschlummer einen stechenden Schmerz in den Beinen spürte. Mäuse bissen in sein Fleisch! Er läutete seinen Dienern, doch die konnten mit ihren Kerzenstummeln nichts ausrichten gegen die Invasion der Nager. Hatto zog um, in jeder neuen Residenz erwartete ihn die gleiche Überraschung. Irgendwann ließ er sich einen Turm mitten im Rhein bauen, in der Hoffnung, die wasserscheuen Tiere würden ihn dort nicht erreichen. Einen Sommer lang durfte er in Ruhe leben. Er betete ausgiebig, kasteite sich dreimal am Tag, empfing Wandermönche und wurde bescheiden. Fast glaubte er, dem Fluch entronnen zu sein. Es war doch schlau von mir, dachte Hatto, so einen Turm bauen zu lassen. Eines Nachts aber weckte ihn ein Geräusch. Er dachte, das Fenster sei offen und der Regen tropfe auf die Dielen des Fußbodens. Das Rascheln verstärkte sich, es hörte sich so an, als würde sich der Regen in seinem Zimmer ausbreiten. »Ist hier jemand?«, fragte Hatto. »Hallo?« Am nächsten Morgen fand sein Leibarzt den leblosen Körper des Bischofs und etwas Mäusedreck im schneeweißen Bett.

Die Rache der Zwerge

In der Nähe des hessischen Ortes Eppstein kann man noch heute einen hohen Felsen bewundern, auf dem einst der Riese Martinus sein Unwesen trieb. Durch einen Haushaltsunfall fehlte dem Hünen zwar ein Auge, das andere aber saß mitten auf der Stirn und war groß und schwindelerregend blau. Außer ihm lebte noch eine Schar Berggeister in den Höhlen des Felsens. Die kleinwüchsigen, stämmigen und zum Großteil durch eine Hasenscharte verunstalteten Gesellen mussten harten Frondienst verrichten, täglich mindestens hundert Goldkörnchen Abgaben leisten, die Gemeinschaftsräume sauber halten und den Gemüsegarten bestellen. Dafür wurden sie von Martinus geduldet.

Doch die jüngeren unter den Zwergen begannen mit der Zeit über die schlechten Arbeitsbedingungen und blutrünstigen Strafen des Riesen zu klagen. Immer wieder rutschte ihm die Hand aus. Manchmal warf er aus Spaß einen Schuh nach ihnen und erschlug so einen oder gleich mehrere auf einen Streich. Dies sei kein Leben, begehrten sie auf, wann wagen wir den Befreiungsschlag?

An Martinus' rundem Geburtstag war es so weit. Die Zwerge, die den ganzen Sommer lang Schlafmohn gesammelt hatten, trugen singend eine Torte auf. Das Geburtstagskind war gerührt und lud alle zu Wein und Bier ein. Doch nachdem er sich die Torte hatte schmecken lassen, fiel er in einen tiefen Schlaf, aus dem er nie wieder erwachen sollte. Die Zwergenschar packte ihn, schleppte ihn hinaus zum Felsrand und warf ihn in den Abgrund, wo er am sonnigen Hang zerschellte.

Was aus den Zwergen geworden ist, weiß jedes Kind. Sie verließen den Felsen und zogen in ein anderes Land. Die letzten sollen im 18. Jahrhundert in den schlesischen Salzminen gearbeitet haben, bis sich ihre Spur im Zuge der Industrialisierung verlor.

Die Entstehung Frankfurts

Eine einfache Hirschkuh soll Karl dem Großen und seiner Armee das Leben gerettet haben. Karls noble Versuche, die heidnischen Sachsen vom christlichen Glauben zu überzeugen, waren gescheitert, sie wollten nichts davon hören. Der König war solche Undankbarkeit nicht gewohnt und erklärte den Sachsen den Krieg. Mal griffen die Franken an, mal bissen die Sachsen zurück. Als er merkte, dass ihm eine Niederlage drohte, ordnete Karl den geordneten Rückzug an. Auf ihrer Flucht vor den aggressiven Heiden kamen die zermürbten Franken ans Ufer des Mains. Das ist das Ende, dachte Karl, keine Boote, keine Brücken, und der Feind rückt immer näher, Himmel hilf! Da kam plötzlich eine alte Hirschkuh, die Karls Heer eine Weile durch das Gebüsch beobachtet hatte, aus ihrem Versteck im Wald hervor und lief an ihnen vorbei durch den Fluss, genau dort, wo heute die Skyline Frankfurts imposant in den Himmel ragt. Der König verstand, dass hier eine Furt sein musste, an der sie den Main überqueren und sich in Sicherheit bringen konnten. Die nachrückenden Sachsen suchten vergebens nach der seichten Stelle und gaben schließlich ihre Verfolgung auf. So kam die Stadt Frankfurt zu ihrem Namen.

Der Huckup von Hildesheim

Wer war der Huckup von Hildesheim? Ein Kobold, meinten die Bauern. Die Seele eines armen Narren, glaubten die Städter. Ein Arzt namens Otto von der Gruntz wiederum machte in der *Privilegierten Hildesheimischen Zeitung* seine These publik, dass es sich bei dem Huckup um einen Affen gehandelt habe, der aus dem Zwinger des Brüggener Schlosses geflohen war und fortan die Wälder unsicher machte. Wer auch immer er gewesen sein mag, mit dem Huckup war nicht zu spaßen. Kaum ertappte er jemanden beim Beerenpflücken, beim Holz- oder Pilzesammeln in seinem Revier, sprang er dem Dieb, ob Kind oder Großmütterchen, auf den Rücken und ließ sich ein Stück des Weges mittragen.

Eines seiner Opfer war ein betagter Pilzsammler aus Söhre. Gegen Mittag legte er sich nichtsahnend unter einen Haselnussstrauch ins Gras in Vorfreude auf ein wohlverdientes Schläfchen, als plötzlich ein lauter Schrei ertönte: »Uh ah uh ahhh!« Der alte Mann sprang erschrocken auf. Außer einer zerzausten Krähe auf einem Tannenzweig war jedoch niemand zu sehen. »Nimm das«, murmelte er und warf einen Stein nach dem Federvieh. Kaum hatte er sich wieder hingelegt, brüllte etwas diesmal direkt in sein Ohr: »Uh ah uh ah ahhh!« Nach einer kurzen Schockstarre erhob sich der Pilzsammler erneut und suchte gründlich das Gelände ab. Ohne Erfolg. Da bekam er es mit der Angst zu tun. Es wird höchste Zeit, nach Hause zu gehen, dachte er, sprach sicherheitshalber ein Vaterunser, bückte sich nach seinem Korb und spürte mit einem Mal, dass er sich nicht mehr aufrichten konnte. Etwas saß auf seinem Rücken und drückte ihn zu Boden. Zum Glück hatte er seinen Stock dabei, auf den er sich stützen konnte. So schleppte er sich zum Waldrand. Endlich erblickte er das goldene Kreuz an der Kirchturmspitze, und plumps!, fiel ihm seine unsichtbare Last von den Schultern. »Der Huckup war es«, meinte seine Frau, als er ihr davon erzählte, »du wirst nicht sein erstes und nicht sein letztes Opfer gewesen sein.« Doch das tröstete den armen Mann wenig. Den Wald betrat er sein Lebtag nicht wieder.

Der Rosenstrauch zu Hildesheim

Nach einer rauschenden Ballnacht bekam Ludwig der Fromme Lust auf eine Schlittenpartie durch den verschneiten Wald. Einige seiner Gäste, die sich noch auf den Beinen halten konnten, begleiteten ihn zusammen mit einer Schar Diener und Hofmusikanten. Ludwigs Leibkoch und sein Leibarzt folgten zu Pferde. Die Stimmung war ausgelassen, bis Ludwig sich plötzlich an die Brust fasste und einen Schrei ausstieß. Sein Kreuz mit der blutgetränkten Haarlocke Jesu Christi war fort. Es war ihm, als klaffte eine Wunde an der Stelle, wo die Reliquie sonst in seinem Brusthaar ruhte. Sofort wurde ein Trupp Diener ausgeschickt, doch ihre Suche hatte keinen Erfolg – die Spur des Schlittens war längst zugeschneit. Wie geprügelte Hunde kehrten sie zum Kaiser zurück. »Sucht besser!«, brüllte er, »holt Verstärkung, Spaten und Rechen, zündet Feuer an!« Die Männer brachen erneut auf, und Ludwig ließ sich nach Hause kutschieren. Vor seinem Bett fiel er auf die Knie und sprach bis zum Morgengrauen ein Gebet, in dem er den Allmächtigen um Hilfe anflehte und gelobte, an dem Ort, wo das Kreuz gefunden werde, eine Kapelle zu bauen. Noch in dieser Nacht erblickten seine Diener einen grünenden Heckenrosenstrauch mitten im Schnee. Die reifen Hagebutten flammten im Fackellicht wie Blutstropfen auf, dazwischen baumelte funkelnd Ludwigs Kreuz. Als sie es dem Kaiser brachten, küsste er sein Kleinod, dankte dem Schöpfer und ließ tatsächlich an dem Ort, wo die Heckenrose stand, eine entzückende kleine Kapelle errichten, um die sich heute die Äste und Zweige des tausendjährigen Strauches ranken.

Der Gevatterbrief vom Schalksberg bei Gilde

Eines Morgens fand die Dienstmagd Anna im Schalksberger Schloss beim Fegen einen winzigen, mehrfach zusammengefalteten Brief. Sofort rannte das Mädchen in die Schlossküche und reichte das Brieflein dem Dorfpfarrer, der gerade seine Brotsuppe löffelte. Auf Annas Bitte las er den Inhalt laut vor. Ungläubig betrachtete sie die Schnörkel auf dem bräunlichen Papier. »Ich soll Patentante werden? Bei einem Zwergenkind?« »So steht es im Brief, morgen um neun ist die Taufe«, erwiderte der Dorfpfarrer, »gehe hin, bringe uns alle nicht in Gefahr. Wer weiß, wozu so eine Zwergensippe fähig ist.«

Nur widerwillig fand Anna sich am nächsten Morgen vor der Zwergenhöhle ein. Sie wartete ein wenig und wollte gerade wieder nach Hause gehen, als sich der Boden vor ihr auftat. Anna kletterte in die Höhle und konnte sich vor Begeisterung kaum fassen. Der Anblick des prächtigen, vergoldeten Saals stellte selbst das Innere der Kirche von Gilde an Weihnachten und Ostern in den Schatten. Drei Tage lang wurde gefeiert, geschmaust und getanzt, und diese drei Tage wogen alles auf, was Anna jemals an Schmerz und Demütigungen erfahren hatte. »Ich muss heim, liebe Freunde«, verkündete sie schließlich, »so schön es bei euch ist, oben wartet eine Menge Arbeit auf mich.« »Schon gut, Annchen«, antworteten die Zwerge, »schau her, diese goldene Wiege bewahren wir auf ewige Zeiten für dich auf.«

Kaum zu Hause angekommen, griff Anna zum Besen, der noch immer an der Wand lehnte, und begann den Innenhof zu fegen. Doch was war das? Alles sah anders aus, die Scheune war aus Stein, und anstelle ihrer geliebten Kühe trieben sich verfilzte Schafe im Verschlag herum. Rasch bildete sich eine Menschentraube um sie. »Wo bin ich überhaupt?« Anna ließ den Besen fallen und starrte in die wildfremden Gesichter. Plötzlich brach der älteste unter den Gaffern in ein zahnloses Lachen aus, trat nah an das Mädchen heran und betrachte es: »Es ist also wahr – das Märchen, das mir mein Großvater erzählt hat. Du bist die junge Frau, die einmal zu den Zwergen gegangen ist und seitdem nie wieder gesehen wurde.« »Jetzt seht ihr mich«, sagte Anna, taumelte und fiel tot um. Angeblich soll sie auf der Stelle verwest und zu Staub zerfallen sein. Die goldene Wiege aber wurde Mitte des 19. Jahrhunderts vom Hund eines Hirten, des letzten Verwandten der Dienstmagd, aufgespürt, als er auf der Suche nach einer Spitzmaus die Erde umwühlte.

Der Buttfang am Sonntag

Auf der Halbinsel Butjadingen an der Nordsee lebten fromme arbeitsame Männer und Frauen, die früh aufstanden und früh zu Bett gingen. Einer von ihnen war der Fischer Ole. Er bewohnte mit seiner Familie eine windschiefe Kate direkt an der Küste und hatte zehn hungrige Mäuler zu stopfen. Eines Sonntagmorgens stellte seine Frau fest, dass der Fisch im Eiskeller verdorben war. »Du willst doch nicht, dass unsere Teller leer bleiben«, wandte sie sich an Ole. »Sonntags zu arbeiten, ist eine Sünde«, entgegnete er, sein Tonpfeifchen stopfend, »keine zehn Pferde kriegen mich heute vor die Tür.« Da drohte sie ihm mit der Faust – und er erhob sich murrend und ging hinaus. Auf dem Weg zum Deich hörte er das Bimmeln der kleinen Glocke von der Langwarder Kirche, er bekreuzigte sich und bat den Allmächtigen um Vergebung. »Nur ein paar Butte, Herr«, sagte er, »den zehn unschuldigen Kindern zuliebe drückst du doch ein Auge zu.« Mit einem mulmigen Gefühl erreichte er den Deich und ließ seinen Blick über das Watt schweifen. Da fiel ihm eine gebückte Gestalt auf, eine feuerrote Mütze schief über der Stirn, die einen Plattfisch nach dem anderen fing. Der Sack zu ihren Füßen quoll schon über. Ole trank sich Mut an und beschloss, hinter dem Unbekannten herzufischen. Auch ihm gelang es, innerhalb weniger Minuten mühelos mehrere prächtige Steinbutte zu fangen. Währenddessen ging der Unbekannte immer weiter ins Watt hinaus. Offenbar weiß er, was er tut, dachte Ole, trank einen zweiten kräftigen Schluck aus dem Flachmann und folgte dem fremden Fischer hinaus, als ihn wie ein Klageruf das Läuten der großen Kirchenglocke erreichte. Es fröstelte ihn, als hätte er Fieber, doch der andere winkte ihm zu, er solle ihm nachkommen, und Ole ließ sich nicht lange bitten. Da tönten die beiden Kirchenglocken so nah, als würden sie direkt über ihm in der Luft schweben, und der Fischer spürte das Wasser um seine Füße, die Flut kam heran. Ole rannte los, er lief, so schnell er konnte, den Beutel mit seinem Fang ließ er fallen, das Wasser stieg und stieg, und bald schwamm er, und als er irgendwann glaubte, nicht mehr schwimmen zu können, spürte er endlich festen Boden unter den Füßen. Der Fremde aber war verschwunden.

»Es war der Satan höchstpersönlich«, pflegte Ole kopfschüttelnd zu sagen, wann immer er in seiner Stammkneipe mit den Freunden zechte. So sprach sich seine Geschichte herum, und seitdem sieht man an der Nordseeküste sonntags niemanden beim Fischen.

Der Rattenfänger von Hameln

Vor über 700 Jahren wanderte ein Mann namens Bundting, von Beruf Rattenfänger, von Stadt zu Stadt. Obwohl er auf diese Weise viel zum Gemeinwohl beitrug, wurde er schlecht bezahlt und schlecht behandelt. Eines Tages kam er auch in die stolze Kaufmannsstadt Hameln an der Weser, wo seit einiger Zeit eine seltsame Krankheit die Reihen der Bürger lichtete. Weder Reich noch Arm wurde verschont. Der Bürgermeister, ein pfiffiger alter Herr, der mehr an das Geld als an Gott glaubte, zerbrach sich Tag und Nacht den Kopf, wie er Hameln vor dem Untergang bewahren könnte. Schließlich lebte die Stadt vom Kornhandel. Wie soll es bloß weitergehen, wenn mir die Leute wegsterben?, dachte der Bürgermeister, das Mühlrad könnte man schon jetzt getrost aus unserem Stadtwappen streichen. Vor kurzem war der letzte Müller von der Seuche dahingerafft worden, am selben Tag wie der letzte Bäcker. Währenddessen zog die fromme Bevölkerung, die sich noch auf den Beinen halten konnte, in einer Prozession durch die Straßen,

peitschte sich blutig und klagte, Gott habe seine Kinder zu hart bestraft. Überall waren Ratten zu sehen. Sie kletterten die Fassaden hoch, sprangen von den Bäumen auf die entkräfteten Bürger, marodierten in den Küchen der ausgelöschten Familien. Den Toten ist nicht zu helfen, dachte der Bürgermeister, aber die Ernteerträge und Kornspeicher müssen gesichert werden. Sonst vernichten die Ratten die Früchte unserer Arbeit und schlagen sich auf unsere Kosten die Bäuche voll. Es muss dringend etwas unternommen werden. Doch wusste er, mittlerweile selbst von der Krankheit gezeichnet, keinen Rat.
Am nächsten Morgen wurde er durch die Melodie einer Pfeife geweckt. Mit Mühe schleppte er sich zum Fenster und spähte hinab. Vor dem Rathaus stand ein buntgekleideter Vagabund, verbeugte sich und bot seine Dienste an.

Hängt der Segen schief im Haus,
hast du sicher eine Maus.
Satan schickte sie zu dir.
Sei klug und überlass das Tier
Herrn Bundting, dem Musikus,
der treibt es in den Fluss.

Als die letzte Strophe verklungen war, fragte der Bürgermeister nach dem Preis für seine Dienste. »20 Gulden«, erwiderte der Rattenfänger. Dem Bürgermeister war es recht. »Wie gehst du bei deiner Arbeit vor?«, erkundigte er sich. »Ich spiele, und die Ratten folgen dem süßen Klang meiner Flöte. So führe ich sie zum Fluss, wo ich ihnen am Ufer Gift mit Honig zu trinken gebe. Danach werfe ich sie ins Wasser und lasse sie mit der Strömung davontreiben.« »Saubere Arbeit, mein Junge«, lobte das Stadtoberhaupt, dem der Bursche gefiel. Unter Schmerzen schleppte er einen Stuhl aus dem Haus und setzte sich ans Flussufer, um dem Spektakel beizuwohnen.

Meister Bundting lief daraufhin musizierend durch die Straßen. Sie waren gesäumt von Leichen und Tierkadavern. Er begegnete keiner Menschenseele. Nur manchmal spürte er einen verwirrten Blick auf sich ruhen, der durch einen Fensterladenschlitz fiel. In jedem zweiten Haus war gedämpftes Kinderweinen zu hören, das sich mit den Tönen seiner Flöte mischte. Während er spielte, verließen alle Mäuse und Ratten ihr Versteck, sprangen über die Leichen und Müllberge und reihten sich wie willenlos in die gewaltige Prozession ein, an deren Spitze der Spielmann ging. So führte Bundting die verzauberten Tiere aus der Stadt hinaus zur Weser. Nachdem sie vom Giftcocktail gekostet hatten, begann ein Taumeln und Kreiseln, das mehrere Minuten andauerte, ehe die Tiere mitten im Tanz starben und ins Wasser fielen. »Schön!«, rief der Bürgermeister aus, »wenn so ein gnädiger Tod nur dem Menschen zustünde. Aber nein, selbst ein unschuldiges Kind muss nun elendiger als eine Ratte krepieren.« Als Bundting daraufhin seinen Lohn einforderte, bereute der Bürgermeister sein Versprechen jedoch und schickte den Rattenfänger ohne Bezahlung fort. Voller Zorn verließ Bundting die Stadt, kehrte aber auf halbem Weg um und zog erneut musizierend durch die Straßen. Diesmal waren es Hamelns Kinder, 130 an der Zahl, die dem Ruf der Flöte folgten und singend und tanzend die Stadt Richtung Koppenberg verließen, wo sie für immer verschwanden.

Altona

In vielen Lebensfragen überließen unsere Vorfahren die Antwort gerne dem Zufall. Dagegen wirken wir Grübler und Planer bei kleinen oder großen Entscheidungen völlig unbeholfen. Manche Frauen verbringen Stunden vor dem Spiegel auf der Suche nach einem passenden Kleidungsstück, einige bleiben gar zu Hause, weil sie sich nicht entscheiden können. Was dem modernen Menschen fehlt, ist jene Mischung aus Humor und Gelassenheit, die man früher Gottvertrauen nannte. Die Gründer von Altona wussten, wie das geht.

Einmal saßen einige wohlhabende Hamburger beim Wein in ihrer Stammschenke *Zum blauen Kavalier* und prahlten mit ihrem Reichtum. Man sprach über Kutschen, Pferde und das schöne Geschlecht, bis plötzlich einer aufsprang und behauptete, Hamburg sei provinziell. »Wir sind klein und wir denken klein.« Die Kaufleute schwiegen betreten und stopften ihre Tonpfeifchen. Der Provokateur fuhr fort: »Mich stört der dörfliche Mief von dort drüben. Die elenden Fischerhütten vor den Toren unserer Stadt müssen weg, stattdessen erbauen wir noch eine Stadt wie Hamburg, wie wäre das?« Der Vorschlag fiel auf fruchtbaren Boden. Die Fischerhütten wurden abgerissen und die Fischer, die

etwas dagegen hatten, in die Elbe geworfen. Nun galt es zu bestimmen, wo die neue Stadtgrenze verlaufen sollte. Niemand von den Kaufleuten traute sich, einen Vorschlag zu äußern. Da wurde beschlossen, zu einer bewährten Methode zu greifen und ein unschuldiges Kind entscheiden zu lassen. Ein Waisenknabe, dessen Name nicht überliefert ist, wurde schließlich für würdig befunden und mit verbundenen Augen losgeschickt. Da, wo er hinfallen würde, sollte das erste Haus stehen. Der Junge marschierte munter Richtung Westen drauflos, geriet ins Stolpern und fiel hin. »Gott im Himmel«, brüllten die Kaufleute, ohne die Pfeifen aus dem Mund zu nehmen, »dat is all to na!« So kam die Stadt Altona, heute ein Bezirk Hamburgs, zu ihrem Namen.

Inge von Rantum und der Meermann auf Hörnum

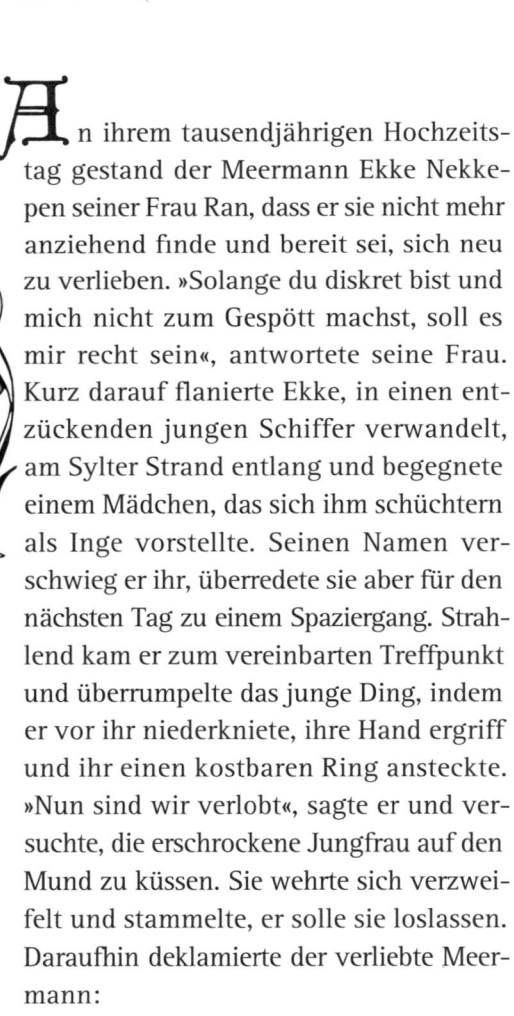

An ihrem tausendjährigen Hochzeitstag gestand der Meermann Ekke Nekkepen seiner Frau Ran, dass er sie nicht mehr anziehend finde und bereit sei, sich neu zu verlieben. »Solange du diskret bist und mich nicht zum Gespött machst, soll es mir recht sein«, antwortete seine Frau. Kurz darauf flanierte Ekke, in einen entzückenden jungen Schiffer verwandelt, am Sylter Strand entlang und begegnete einem Mädchen, das sich ihm schüchtern als Inge vorstellte. Seinen Namen verschwieg er ihr, überredete sie aber für den nächsten Tag zu einem Spaziergang. Strahlend kam er zum vereinbarten Treffpunkt und überrumpelte das junge Ding, indem er vor ihr niederkniete, ihre Hand ergriff und ihr einen kostbaren Ring ansteckte. »Nun sind wir verlobt«, sagte er und versuchte, die erschrockene Jungfrau auf den Mund zu küssen. Sie wehrte sich verzweifelt und stammelte, er solle sie loslassen. Daraufhin deklamierte der verliebte Meermann:

Minne schont weder jung noch alt,
so mache ich dich zu meinem Weib.
Findest du aber meinen Namen heraus,
schicke ich dich gerne nach Haus.

»Den werde ich schon herausfinden«, sagte Inge, riss sich los und lief davon. Als Erstes ging sie ins Wirtshaus, doch weder dort noch andernorts wusste jemand, wer der junge Mann in Schiffertracht war. Herrje, dachte Inge, ich bin verloren! Trübselig ging sie zurück zum Strand und weinte, als sie plötzlich ein lallendes Singen vernahm. Es kam aus dem Inneren des Felsens, vor dem sie gerade stand.

Ich bin klein, mein Herz ist rein,
Ekke Nekkepen ist mein Name,
und Inge soll meine Frau sein.

Ekke Nekkepen, Ekke Nekkepen, wiederholte Inge für sich, nie werde ich deine Frau sein, komm nur heraus und du wirst es von mir persönlich erfahren! Bis zum Morgengrauen wartete das Mädchen, bis ihr Freier, der am Vorabend bereits seine Vermählung begossen hatte, aus einer Felsenöffnung torkelte. »Ekke Nekkepen?«, begrüßte sie ihn. Er nickte traurig. »Wir sind geschiedene Leute. Den Ring darf ich wohl behalten?« Er nickte ein zweites Mal, und die Wege der beiden trennten sich für immer. Das hinderte den Meermann jedoch nicht daran, ihr und allen Rantumern fortan zu grollen. Seine Wut entlud sich in heftigen, von seiner Frau Ran zusammengebrauten Stürmen, die regelmäßig die Küste von Sylt heimsuchten und manches Menschenleben dahinrafften.

Moders Hart is harter as en Steen

Einmal wütete eine große Sturmflut am Jadebusen, die alles auf ihrem Weg zerstörte. Kein Deich hielt ihr stand, alle Siele wurden weggerissen, unzählige Tiere ließen ihr Leben, auch einige Menschen kamen in den Fluten um. Das entfesselte Wasser kannte kein Erbarmen. Als die Deiche wiederhergestellt wurden, schlug einer der Bauarbeiter vor, ein lebendiges Kind einzugraben: »Dann halten die Holzdämme besser.« Die Idee wurde einstimmig begrüßt. Die Wahl fiel auf ein taubstummes Mädchen aus dem Dorf, dessen Mutter es bereitwillig verkaufte. Man steckte es feierlich in ein Fass und gab ihm etwas Bier zu trinken. Doch während das Fass eingegraben wurde, hörten alle laut und deutlich, wie das Mädchen, das plötzlich wie durch ein Wunder die Sprache erlangt hatte, im Dialekt ihrer Heimat sagte: »Portblirt, Moders Hart is harter as en Steen!«

Der Schimmelreiter

Lange vor dem Erscheinen der gleichnamigen Novelle lebte im Herzogtum Schleswig ein alter Deichgraf. Sein Gehöft befand sich in unmittelbarer Nähe zum Deich, für dessen Schutz er zuständig war. Wenn ein Deichbruch drohte, lastete große Verantwortung auf seinen Schultern – ein Zögern, voreiliges Handeln oder eine falsche Entscheidung, und schon liefen er, seine freiwilligen Helfer sowie der Großteil der Bewohner des fruchtbaren Marschlands Gefahr, samt ihrem Hab und Gut weggespült zu werden. Obwohl der Deichgraf ein geschätzter Mann war, vor dem jeder seinen Hut zog, bedeutete ihm die menschliche Gesellschaft mit zunehmendem Alter immer weniger. Nach dem Tod seiner Frau brach er selbst zu den wenigen Freunden, die er noch hatte, den Kontakt ab. Nur seinen Schimmel, das Lieblingspferd der verstorbenen Deichgräfin, liebte er von ganzem Herzen. Täglich sah man ihn den Eiderstedter Deich entlangreiten und nach dem Rechten schauen. Er hielt sich vorbildlich im Sattel, und ohne sein schlohweißes Haar, das im Wind flatterte, hätte man ihn von weitem für einen Jüngling halten können.

Eines Morgens Anfang März stellte er fest, dass es zu tauen begonnen und ein Eisstau sich gebildet hatte, der gegen den Deich drückte. Er trommelte seine Männer zusammen, die tagelang versuchten, einen Deichbruch zu verhindern. Doch ihre Anstrengungen waren vergebens. Als auch noch der Wind drehte und es zu stürmen begann, drohte die Katastrophe. »Was tun, Meister?«, riefen die Männer verzweifelt, »wir ersaufen doch alle zusammen mit unserem Vieh!« Der Deichgraf befahl einen kontrollierten Deichdurchstich, um Entlastung zu schaffen. Die Deichleute waren starr vor Entsetzen und wollten sich weigern. Doch Befehl war Befehl. Im nächsten Augenblick brauste das Wasser heran und bedeckte immer größere Landflächen. Da richtete sich der Zorn der Friesen gegen den Deichgrafen. Der aber wendete sein Pferd und ritt zielstrebig auf den Durchstich im Deich zu, ein Tänzeln auf der Stelle, und schon stürzte der Schimmel mit seinem Herrn in die Fluten. Kurz darauf legte sich der Sturm, und die Wassermassen zogen sich zurück.

Noch Jahrhunderte später sprach man über den Todesritt des Deichgrafen: Wollte er sich opfern? Ging ihm das Pferd durch? War es Selbstmord? Aus Scham, Schuldgefühl oder Verzweiflung? Oder sprang er aus Trotz in die Brake? Glaubte er etwa, sein Jähzorn könnte das Wasser zähmen? Niemand wird es je erfahren.

marenholz

Eine Witwe hatte schon immer die Fassade der Trauer zu wahren, früher noch strenger als in unseren Tagen. Wehe, wenn sie sich neu verliebte – selbst die engsten Verwandten missgönnten ihr zuweilen das Glück. So erging es auch einer Fürstin in Ostfriesland. Nach dem Tod ihres Mannes pflegte sie ein mehr als freundschaftliches Verhältnis zu einem ihrer Räte, Marenholz. Die schöne Witwe genoss die Gesellschaft des welterfahrenen und charmanten Edelmannes, während ihr Sohn auf einem Internat im Ausland die Tage bis zu seiner Volljährigkeit zählte. Er konnte es nicht abwarten, nach Hause zu reisen und die Regierungsgeschäfte zu übernehmen. Eines Tages war es endlich so weit. Das Kind war zum Mann geworden und kehrte an den Hof zurück. Doch was musste er sich anhören? Seine Mutter sollte das Andenken des seligen Fürsten besudelt haben? Wer der Mann sei, mit dem sie das Bett teile, fragte er. Ein Herr Marenholz vom Schloss Sandhorst, hieß es, er habe sogar die Frechheit gehabt, sich in ihre politischen Entscheidungen einzumischen. »Unerhört!«, schimpfte der junge

Mann, »mein Vater würde sich im Grabe umdrehen!« Bei sich dachte er, dass dies eine ausgezeichnete Gelegenheit wäre, seinen Untertanen die eiserne Hand ihres neuen Herrschers zu demonstrieren. Er ließ Marenholz gefangen nehmen und vor Gericht stellen. Es schwebte ihm eine öffentliche Hinrichtung vor, danach ein Grillfest für das Volk. Die Bemühungen der Fürstin, den Prozess zu verhindern, waren umsonst. Ihr Sohn war nicht anders als alle anderen Männer, die sie kannte: hartherzig und auf seinen Vorteil bedacht. Nur Marenholz war eine Ausnahme. Ein sanfter Schelm, der ihr Leben kurz erleuchtet hatte. Mit ihm bin auch ich am Ende meines Weges angekommen, dachte sie und sah sich gezwungen, in ein entlegenes Kloster zu ziehen und Nonne zu werden.

Die öffentliche Hinrichtung des Rats zog eine Menge Schaulustiger an. Sekunden bevor das Henkersbeil fiel, zeigte der zum Tode Verurteilte kniend auf einen Apfelbaum, der gelbe Äpfel trug, und rief: »Wenn es hier noch Freunde der Wahrheit gibt, so achtet nach meinem Tod auf diesen Baum. Zum Andenken an einen Unschuldigen wird er im nächsten Jahr Früchte tragen – rot wie mein Blut!« Dann rollte sein Kopf über die Bretter des Blutgerüstes.

Mit banger Ungeduld wartete der junge Fürst auf den nächsten Herbst. In der Tat hatten die Äpfel ihre Farbe geändert. Das Rot der Früchte rief nun Jahr für Jahr die Erinnerung an Marenholz wach, den er unschuldig getötet hatte. Weg mit dem Baum, lautete schließlich sein Befehl. Doch die Freunde der Wahrheit und all jene, die sich für solche hielten, hatten sich längst die Äpfel ins Haus geholt, um sich aus den Kernen ihr eigenes Apfelbäumchen zu ziehen. So verbreitete sich der Baum quer durch Europa, und seine robusten und widerstandsfähigen Früchte sind noch heute in Ostfriesland unter dem Namen Mahrenholz bekannt.

Der Freischütz

Beim letzten Herzog zu Glücksburg diente einst ein Oberjäger, der monatelang kein Wild mehr getroffen hatte und deshalb von seinem Herrn entlassen wurde. Obwohl er seine Uniform mit dem herzoglichen Wappen behalten durfte, konnte er sich nicht freuen. »Ich verstehe selbst nicht, wieso mir alles vor den Augen verschwimmt«, klagte er. »Ja, ja, so wird man alt, mein Lieber«, tröstete ihn der Herzog, »geschossen hast du früher wie Cupido.

Auch ich habe mich früher aufs Pferd geschwungen, ohne einen Schemel zu benötigen.« Der alte Jäger machte sich traurig auf den Weg in die Dorfkneipe. Unterwegs im Wald begegnete er einer buckligen Großmutter, die nach Kräutern suchte. »Grüß dich, guter Mann, wohin so eilig?« »In die Kneipe«, gestand er und erzählte, dass er als blindes Huhn nun keine Arbeit mehr habe und nicht wisse, wofür es sich noch zu leben lohnte. »Da gibt es nur eines, was dir helfen kann«, sagte die Großmutter, »hör mir gut zu und folge meiner Anweisung.« »Das riecht nach Scheiterhaufen!«, entsetzte sich der Jäger, als er den Rat der Alten vernommen hatte, »aber wenn du meinst, dass ich danach genauso gut schieße wie früher ...« »Noch besser, du wirst jeden Floh im Pelz des Tieres sehen.« Der Jäger tat, was sie ihm aufgetragen hatte. Er ging zum Abendmahl, nahm die Hostie gleich hinter dem Altar aus dem Mund und wartete das Ende der Messe ab. Dann lief er in den Wald, wo niemand ihn sehen konnte, befestigte die Oblate an einem Faden, hängte sie in einen Baum und schoss darauf. Zu seiner Überraschung traf er auch. Sofort ging er zum Herzog und berichtete, dass er von seiner Sehschwäche geheilt sei und ihm gerne wieder zu Diensten stünde. »Beweise mir dein Können«, sagte der Herzog und reichte ihm seine Flinte, »siehst du die Vögel da?« Er zeigte auf drei Wildenten, die gerade über sie hinwegflogen. »Ich hätte gerne den Erpel zum Abendessen.« Der Jäger schlug die Hacken zusammen, legte an, schoss und traf den Vogel mitten ins Herz. »Du Teufelskerl!«, rief der Herzog mehr entsetzt als begeistert. Tags darauf ließ er ihm ausrichten, dass die Stelle des Oberjägers bereits besetzt sei. Da brach der Jäger in wildes Gelächter aus, raufte sich den Bart und verschwand hinter den Erlen, die nicht weit vom Wege standen. Von da an sah man ihn bis zu seinem Lebensende ekelhaft lachend in Lumpen durch den Wald geistern. Der missglückte Teufelspakt hatte ihn den Verstand gekostet.

Der Rosstrapp

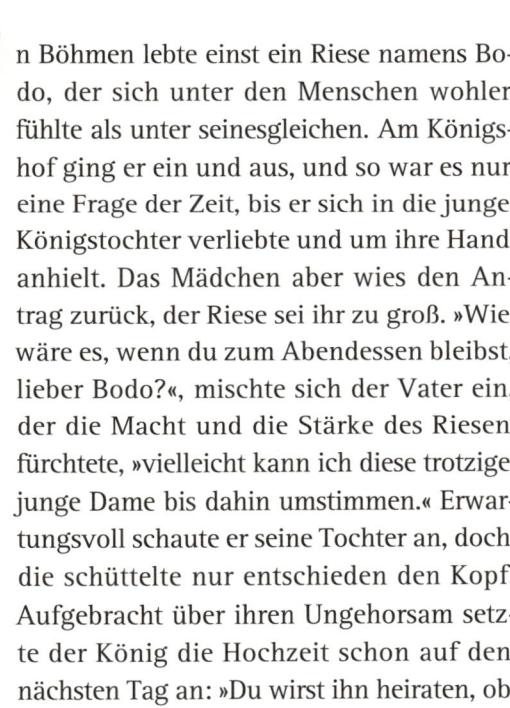

In Böhmen lebte einst ein Riese namens Bodo, der sich unter den Menschen wohler fühlte als unter seinesgleichen. Am Königshof ging er ein und aus, und so war es nur eine Frage der Zeit, bis er sich in die junge Königstochter verliebte und um ihre Hand anhielt. Das Mädchen aber wies den Antrag zurück, der Riese sei ihr zu groß. »Wie wäre es, wenn du zum Abendessen bleibst, lieber Bodo?«, mischte sich der Vater ein, der die Macht und die Stärke des Riesen fürchtete, »vielleicht kann ich diese trotzige junge Dame bis dahin umstimmen.« Erwartungsvoll schaute er seine Tochter an, doch die schüttelte nur entschieden den Kopf. Aufgebracht über ihren Ungehorsam setzte der König die Hochzeit schon auf den nächsten Tag an: »Du wirst ihn heiraten, ob freiwillig oder nicht.«

Beim Abendessen schwiegen alle drei: der König aus Ärger, Bodo aus Verlegenheit, seine Angebetete, da sie einen Fluchtplan schmiedete. Heute Nacht, dachte sie, wenn alle schlafen, reite ich auf und davon. In Eile packte sie ihre Erbjuwelen in ein Bündel, vergaß auch nicht, ihre Krone einzustecken, und schlich sich hinaus. Die Ställe aber waren verriegelt, nur Bodos ungeheurer Rappe stand angebunden vor dem Tor. Ein kluges Tier, das wie jedes Kriegspferd der damaligen Zeit manches Kunststück beherrschte. Auf ihren Befehl »couché!« kniete es sich hin, und im Nu saß die Königstochter auf seinem Rücken und ritt davon. Nur wenig später schreckte Bodo aus dem Schlaf. Er hatte geträumt, sein treues Pferd werde ihm gestohlen. Als er nach ihm sehen wollte, fand er nur noch einen warmen Haufen Rossäpfel. Sein Schrei zerriss die Nachtruhe. Der König schickte sofort einen Suchtrupp los, um die Flüchtige einzuholen. Auch Bodo selbst schwang sich auf eins der königlichen Pferde und nahm mit seinem Spürhund die Verfolgung auf. Bald sah er sie in der Ferne. Da erblickte ihn die Königstochter und sprengte verzweifelt auf eine Klippe zu. Mit einem tollkühnen Sprung setzte der Rappe auf die andere Seite über und hinterließ dabei einen beeindruckenden Hufabdruck im Stein. Nur die Krone fiel dabei in die Schlucht. Das Pferd des Verfolgers aber sprang aufgrund seiner schweren Last zu kurz und stürzte mit seinem Reiter in die Tiefe. Als der König nach stundenlangem Warten unruhig wurde und nach Bodo suchen ließ, fand man nur mehr seinen Filzhut. Er trieb auf dem Fluss, der noch heute den Namen Bode trägt, während die in den Fels gedrückten Spuren des entführten Tieres dem Berg seinen Namen gaben.

Die Entstehung der Bergwerke zu Rammelsberg

Wenn sich früher ein Ritter im Wald verirrte, blieb ihm – wollte er nicht von wilden Tieren gefressen werden – nur die Möglichkeit, sich den Räubern anzuschließen, denn die Wälder waren ihr Revier. Auch den Räubern war eine Verstärkung immer willkommen, einen tüchtigen Ritter als Arbeitskraft konnten sie gut gebrauchen. So erging es auch den Rittern Ramme und Otto, die auf dem Brocken vom Weg abgekommen und in die Hände einer Räuberbande gefallen waren. Nie zuvor hatten

sie so hart arbeiten müssen. Sie sollten für sich und die Räuber einen Unterschlupf in den Fels graben, doch stets fanden sie die Pfeiler, mit denen sie abends das Gewölbe der Höhle stützten, am nächsten Tag unter Steinschutt begraben. »Ein Dachs ist effizienter als wir«, sagte Otto. »Es ist zum Verzweifeln«, seufzte Ramme. Sie beschlossen, in der kommenden Nacht vor der Höhle zu wachen, um dem rätselhaften Geschehen auf den Grund zu gehen. Bei Einbruch der Dunkelheit legten sie sich auf die Lauer. Um Mitternacht bot sich ihnen ein unerwartetes Bild: Im Licht der Fackeln näherten sich mehrere Frauen dem Felsen. Jede von ihnen trug einen Hammer in der Hand, und schon ging das Geklopfe los. Mit gezücktem Schwert sprangen Otto und Ramme aus dem Gebüsch und stellten sich den Frauen in den Weg. »Was würdet ihr sagen«, fragte Otto aufgebracht, »wenn wir uns in eurer Küche wie Vandalen aufführten?« »Wir folgen bloß einem Befehl«, erwiderte eine der Frauen. »Wer gab euch den Befehl?«, schnaubte Ramme. »Die Herrin des Berges, Frau Jette«, sagten die Frauen im Chor. Die Ritter verlangten, zu ihr geführt zu werden.

Frau Jette empfing sie in einer komfortablen Höhle an der Nordwestseite des Brockens. Ein mächtiger Kronleuchter erhellte den Raum. Sie reichte den Rittern beide Hände zur Begrüßung und strahlte über das ganze Gesicht. »Nehmt es mir nicht übel, Jungs. Der Berg ist mein Eigentum, und ich sehe es nicht gern, wenn jemand ein Stück vom Kuchen abhaben will.« Dann klatschte sie zweimal in die Hände: »Corinna, Tee und etwas Gebäck bitte.« Eine der Frauen lehnte ihren Hammer an die Wand und verschwand im Nebenraum. »Legt doch die Beine hoch, lasst euch verwöhnen«, säuselte die Dame des Hauses, als sie wenig später mit den verlegenen Rittern beim Tee saß. »Vielleicht habt ihr sogar Lust, den Arbeitgeber zu wechseln und in meinen Dienst zu treten?« Otto und Ramme ließen sich nicht lange bitten, sie waren heilfroh, der Räuberbande entkommen zu sein.

Mit der Zeit wurde Frau Jette immer schwächer, und eines Tages erzählte sie den Rittern von ihrer unheilbaren Krankheit: »Das Mineralwasser aus dem Wolfbrunnen, zu dem ich einmal die Woche pilgere, lindert nur meine Beschwerden, das Siechtum aber kann nur der liebe Gott aufhalten.« »Es geht mit Euch bergab?«, fragte Otto vorsichtig. »Ich bin dem Tode nahe, teurer Freund«, seufzte sie, »deshalb kommt mit, ich zeige euch, welchen Schatz ich im Laufe meines Lebens angehäuft habe, vielleicht gefällt euch das ein oder andere Stück.« Und sie führte die beiden Männer in eine Kammer, die bis zur Decke mit Kostbarkeiten aus Gold und Silber angefüllt war. »Schaut euch in Ruhe um«, sagte sie, wandte sich um und rief: »Corinna, Tee!« Als hätte sie nur darauf gewartet, erschien die Dienerin mit einem Tablett in der Tür. Für Frau Jette gab es Mineralwasser. Als Ramme jedoch sein Teeglas zum Mund führte, fiel sein Blick auf einen Gegenstand in der Ecke der Kammer. »N-n-nein!«, rief er aus und schlug Otto dessen Glas aus der Hand. Im selben Augenblick sauste die Kranke schnell wie eine Katze zur Tür, doch das Schwert des Ritters flog schneller und nagelte sie an die Wand. Stumm ging Ramme zu einem Berg aus Schmuckstücken, zog einen menschlichen Schädel heraus und sagte: »Das, mein Lieber, hätte auch uns geblüht, wenn wir ihren Tee getrunken hätten.« Ernüchtert suchten die beiden Ritter die Höhle ab und fanden noch mehrere Männerskelette in Rüstung. Die Frauen schwiegen dazu, doch das hinderte die Ritter nicht daran, mit ihnen eine große Nachkommenschaft zu zeugen, die noch jahrhundertelang in den Goslarer Bergwerken tätig war, um die Schätze der Zauberjette zu heben.

Die weisse Jungfrau auf Burg Osterode

In der Nacht auf Ostermontag saß der arme Leinweber Johan im kargen Licht einer Kerze über einem Stück Leinen, das er am nächsten Morgen auf dem Clausthaler Markt verkaufen wollte. Die tränenden Augen fielen ihm immer wieder zu, bis er sie, wie ihm schien, für einige Sekunden schloss, in Wirklichkeit aber schlummerte er bis zum Morgen. Als er auf seinem Stuhl erwachte, hatte seine Frau die Arbeit für ihn zu Ende gebracht und faltete gerade den Stoff zusammen. Gerührt und beschämt machte sich der Leinweber auf den Weg nach Clausthal. Was habe ich für ein Glück mit meiner Frau, überlegte er, und welch ein Jammer, dass ich zu arm bin, um ihr wenigstens einmal im Leben zum Dank ein Geschenk zu machen ...

Auf halber Strecke erblickte er ein weißgekleidetes Mädchen am Flussufer und blieb wie angewurzelt stehen. »Nein, tut das nicht!«, rief er ihr zu. »Das Leben ist ein Geschenk Gottes!« Das Mädchen wandte sich um und lächelte ihm zu. Sie hatte ein Gesicht von verstörender Schönheit und trug eine Lilie am Dekolletee. »Keine Angst«, antwortete sie ihm, »ich wasche mir bloß die Füße im Fluss. Dies tue ich hier an jedem Ostermorgen.« Johan trat näher. »Ihr werdet sicher ein Gewächshaus besitzen, solche Blumen kennt unsereins nur von den Bildern in der Bibel.« Die Schöne lächelte wieder und fragte, ob er verheiratet sei. Der Leinweber lief rot an und nickte. »Würde sich deine Frau über eine solche Lilie freuen?« »Sie wäre überglücklich.« »Dann komm nur mit«, bat sie. Johan folgte ihr in den Wald und über einen schmalen Pfad hinauf zur Burgruine Osterode. »Von weitem macht die Burg einen deutlich schlechteren Eindruck«, meinte er, als sie vor dem Eingangstor standen, »hier scheint sogar jemand zu wohnen. Ihr etwa?« Die junge Frau verneinte. Sie habe hier bloß ihren Garten. »Warte bitte eine Sekunde«, sagte sie und verschwand im schulterhohen Unkraut des Innenhofs. Was für ein seltsamer Ort, dachte Johan, und was für eine seltsame Frau! Schon bald kehrte die Unbekannte zurück, lächelte verschmitzt und verbarg etwas hinter ihrem Rücken. »Knie dich kurz vor mir hin«, bat sie und befestigte etwas an seinem Hut. Mit den Worten »Sieh zu, dass du die Blume auf dem Nachhauseweg nicht anfasst!« verabschiedete sie sich von ihm.

»Was ist denn das?«, rief seine Frau, als der Leinweber nach Anbruch der Dunkelheit nach Hause kam. »Für dich, mein Schatz«, sagte er und legte den Hut vor sie auf den Tisch. Wortlos vor Staunen starrten die beiden ihn an. Johans Frau fand als Erste die Sprache wieder: »Das Blümchen ist doch aus Gold!« »Sieht so aus«, murmelte der Leinweber völlig verblüfft und erzählte ihr von dem Vorfall im Wald. Seine Frau kam zu dem Schluss, dass er der Osterjungfer begegnet sein musste. Sie beschlossen, die goldene Lilie an die Kirche zu verkaufen, und konnten sich fortan ein menschenwürdiges Leben leisten.

Friedrich Rotbart im Kyffhäuser

arten zu müssen ist ärgerlich. Besonders unangenehm ist es, seit 800 Jahren in einem Berg ohne frische Luft zu warten. Der alte Kaiser Friedrich Barbarossa hat dieses Pech. Während des Dritten Kreuzzugs wurde er an einem Flussufer in Kleinasien von mehreren Zwergen gefangen genommen und, ehe seine Kreuzritterkollegen etwas unternehmen konnten, unter die Erde verschleppt. Eines Tages werde er freikommen und wieder das Zepter schwingen, versprachen ihm die Zwerge. Wann es so weit sein würde, sagten sie ihm nicht. Zum Trost durfte der Gefangene zwischen dem Brocken, dem Großglockner und dem Kyffhäuser als Aufenthaltsort wählen. Er entschied sich für den Kyffhäuser. Seitdem wartet er dort im Inneren des Berges auf den passenden Augenblick, die Weltbühne wieder zu betreten. Ab und zu wacht er auf und schaut seinem Bart beim Wachsen zu. Im Jahr der deutschen Reichsgründung 1871 betrug seine Bartlänge schon stolze fünf Meter. Auf seine Nachfragen antworten die Zwerge ihm stets, dass die Welt noch nicht bereit für seine Rückkehr sei. Dass sie ihn nicht mehr braucht, verschweigen sie ihm aus Rücksicht. Barbarossa aber wartet demütig und träumt vom Wind in seinem Bart.

Martin Luther auf der Wartburg

Ein Kobold war Martin Luther auf die Wartburg gefolgt. Dort wollte der Theologe, der sich mit seinen Thesen nicht nur Freunde gemacht hatte, zur Ruhe kommen und das neue Testament übersetzen. Der Kobold schaute ihm heimlich eine Weile beim Essen, Beten und bei der Arbeit zu. Eines Abends stieß er unbeabsichtigt gegen einen Stuhl, fiel hin und machte dabei einen Riesenlärm. Luther, der im Licht einer Kerze am Schreibtisch saß, drehte sich erschrocken um und entdeckte den Störenfried, der sich, nun jeglicher Tarnung bar, gerade erhoben hatte und seine Kleider abklopfte. Ohne lange zu überlegen, griff Luther nach einem Tintenfass und schleuderte es nach ihm. Der Kobold erschrak nicht minder als er und ergriff eilig die Flucht. Der Reformator aber behauptete in seiner Eitelkeit, kein Geringerer als der Teufel habe versucht, ihn bei der Arbeit an der Bibelübersetzung zu stören. Die Zeitgenossen haben es ihm geglaubt.

Tannhäuser verlässt Venus

Im Alter wurde Tannhäuser schweigsam und nachdenklich. Sein ganzes Leben hatte er singend verbracht. Für das Lied hatte er gelebt. Besungen hatte er ausschließlich die Liebe. Die Liebe in all ihren Facetten. Unerwiderte oder missverstandene Liebe, erkaltete und wieder entflammte Liebe. Worte, nichts als Worte. Der alte Troubadour konnte davon schon seit langem nicht mehr zehren. Alles wurde überschattet von der Erinnerung an seine Reisen ins Morgenland. Wenn er die Augen schloss, sah er nichts als Leichen. Die Leichen der Ungläubigen, der Andersgläubigen, wie hatte er nur mit solcher Unbefangenheit die Saiten seiner Lyra zupfen und von Liebe singen können, während er an ihnen vorbeigezogen war? Er fühlte sich schuldig.

»Ich glaube, wir haben über die Stränge geschlagen auf unseren Kreuzzügen«, sagte er eines Morgens zu seiner Frau Venus, »Frauen und Kinder hätten wir nicht umbringen sollen, auch die Alten, sie tun mir am meisten leid.« »Das sagst du jetzt nur, weil du selbst alt und schwermütig wirst«, erwiderte Venus. Doch seine Gewissensbisse plagten Tannhäuser immer mehr, bis er verlautete, er werde nach Rom pilgern und den Papst um die Vergebung seiner Sünden bitten. Venus beschwor ihn, zu Hause zu bleiben. »Du ruinierst dich«, sagte sie, »denk an deine arme Frau«, aber Tannhäuser ließ sich nicht von seinem Vorhaben abbringen.

Der Heilige Vater empfing den zerlumpten Minnesänger mit offenen Armen. Seine Miene verdüsterte sich jedoch, als Tannhäuser zu erzählen begann. »Im Morgenland haben wir gemordet und marodiert wie die Wilden, auch ich habe viele Sünden auf mich geladen und bitte um deren Vergebung.« »Welche Sünden?«, rief der Papst aus. »Für Jesus Christus das Schwert zu schwingen ist doch keine Sünde. Mit deiner Pilgerfahrt hast du dir dein Seelenheil gesichert. Gehe nach Hause zu deiner Frau und sei ohne Sorge.« Tannhäuser kehrte um, enttäuscht, verstört und einsamer als je zuvor wanderte er durch Italien. Unterwegs schwanden seine Kräfte immer mehr, und er merkte, dass seine irdische Reise bald zu Ende wäre. Also suchte er sich einen Platz unter einem Olivenbaum als Ort zum Sterben. Dem Baum beichtete er alles, was ihn bedrückte. Dann schloss er für immer die Augen. Langsam lösten sich die Leichenberge auf, die brennenden Ruinen, die dampfenden Pferde, das Blinken der Rüstung und der Waffen, alles war wie weggeblasen.

Der Pumphut im Vogtland

Den Müllergesellen Martin, genannt Pumphut, verschlug es eines Tages ins Vogtland. Als er sich einer Mühle näherte, sah er, dass hier eine Feier zugange war. Mehrere Paare drehten sich zu den Klängen einer Melodie, die ein Alter auf einem Krummhorn zum Besten gab. Ein neues Mühlrad war soeben eingeweiht worden, und die Bevölkerung aus den Nachbardörfern begoss dieses Ereignis nach Kräften. Martin setzte sich an einen der Tische neben eine dicke Bäuerin, die gerade einen Knaben stillte. Eine gefühlte Ewigkeit später wurde ihm eine Brotsuppe mit Schnaps kredenzt. »Nicht gerade üppig«, bemerkte die Bäuerin, »ich habe gerade ein Spanferkel gegessen.« »Schön für dich«, erwiderte Pumphut, ohne mit der Wimper zu zucken. Bei sich dachte er aber: Wart's ab, Müller, für deine Gastfreundschaft werde ich dir schon danken. Als er gegessen hatte, kippte er den Schnaps hinunter und ging hinter die Mühle. Er tat, als würde er das neue Mühlrad von allen Seiten betrachten, und manipulierte es dabei so, dass es sich immer langsamer drehte und schließlich stillstand. Er selbst hatte sich da bereits verabschiedet und sich wieder auf den Weg gemacht. Als der Müller merkte, dass etwas mit dem Rad nicht stimmte, rief er nach seiner Frau: »Maria, hast du den Fremden bedient?« »Jawohl«, antwortete diese, »sei unbesorgt, vom Ferkel hat der nichts bekommen.« Da fluchte der Müller und befahl, den Gesellen sofort zurückzuholen. Ein paar Bauern, die sich noch auf den Beinen halten konnten, stürmten ihm nach und sahen bald seinen roten Hut

zwischen den Baumstämmen blitzen. Erst nach langem Bitten ließ er sich bewegen, wieder umzukehren. Auch bei der Begutachtung des Mühlrads ließ er sich Zeit und bat die Neugierigen, hinter dem Haus zu warten. Kaum war er allein, manipulierte er das Rad erneut, so dass es sich wieder zu drehen begann. Die Begeisterung kannte keine Grenzen. Der beschämte Müller ließ nur das Beste aus dem Keller holen und bewirtete Pumphut wie einen König. Der junge Mann aß sich für Wochen im Voraus satt, trank, tanzte und ging in die Geschichte ein.

Rübezahl als Menschenfreund

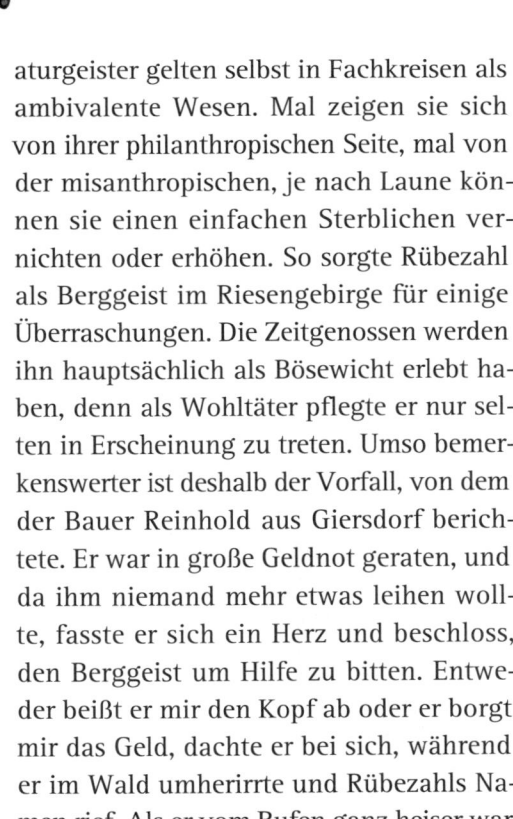

Naturgeister gelten selbst in Fachkreisen als ambivalente Wesen. Mal zeigen sie sich von ihrer philanthropischen Seite, mal von der misanthropischen, je nach Laune können sie einen einfachen Sterblichen vernichten oder erhöhen. So sorgte Rübezahl als Berggeist im Riesengebirge für einige Überraschungen. Die Zeitgenossen werden ihn hauptsächlich als Bösewicht erlebt haben, denn als Wohltäter pflegte er nur selten in Erscheinung zu treten. Umso bemerkenswerter ist deshalb der Vorfall, von dem der Bauer Reinhold aus Giersdorf berichtete. Er war in große Geldnot geraten, und da ihm niemand mehr etwas leihen wollte, fasste er sich ein Herz und beschloss, den Berggeist um Hilfe zu bitten. Entweder beißt er mir den Kopf ab oder er borgt mir das Geld, dachte er bei sich, während er im Wald umherirrte und Rübezahls Namen rief. Als er vom Rufen ganz heiser war und schon umkehren wollte, erschien ihm endlich der Herr des Gebirges. »Wie viel?«, fragte er, nachdem Reinhold ihm sein Anliegen geschildert hatte. »Hundert Taler, wenn ich bitten dürfte«, antwortete der Bauer und versprach, diese Summe nach einem Jahr zurückzuzahlen. Bestens gelaunt sah Rübezahl keinen Grund, nicht großzügig zu sein. Mit den Worten »Mach dir einen schönen Tag« reichte er ihm einen Beutel voll Geld und verschwand im Dickicht des Waldes. Dieser Akt der Barmherzigkeit spornte den bisher etwas trägen Reinhold zu fleißiger Arbeit an, so dass er sich endlich entschulden konnte. Mit vor Stolz geschwellter Brust brach er nach einem Jahr zum Ort ihrer Begegnung auf, um seinem Wohltäter die hundert Taler zurückzugeben. Unterwegs traf er auf einen vornehm gekleideten Reiter, der Reinhold grüßte und höflich fragte, wohin er wolle. »Zu Herrn Rübezahl möchte ich«, erklärte Reinhold, »ich schulde ihm etwas Geld.« »Was für ein Glück für dich!«, sagte der Reiter, »der alte Rübezahl hat vor kurzem den Löffel abgegeben. Behalte dein Geld und mach dir einen schönen Tag.« Vor Freude küsste Reinhold den Gaul des Reiters auf die Schnauze und machte sich auf den Heimweg. Der Unbekannte samt Pferd wiederum versank schmunzelnd im moosigen Waldboden.

Die treue Bergmannsbraut

In einem oberschlesischen Grubenort lebte einst ein vierzehnjähriges Mädchen namens Annetta. Ihre Eltern hatte sie früh verloren, und so war sie bei ihrer Großmutter aufgewachsen. Als Annettas Zeit kam, sich zu verlieben, fiel ihre Wahl auf einen tüchtigen jungen Bergmann, der sein Glück kaum fassen konnte und vor Stolz platzte, als er seinen Kumpels von der bevorstehenden Hochzeit erzählte. Jeder freute sich für das junge Paar, nur Annettas Großmutter hätte ihr Enkeltöchterchen lieber als Frau des Försters oder des Dorflehrers gesehen. Sie besaß jedoch genug Taktgefühl, um, unter dem Vorwand, die Hühner füttern zu müssen, das Haus zu verlassen, wenn der Bergmann jeden Abend nach dem Ende seiner Schicht zu Besuch kam. Eines Morgens fand die alte Frau Annetta in Tränen aufgelöst. Auf die Frage, was denn geschehen sei, stammelte das Mädchen etwas von einem bösen Traum und einer dunklen Vorahnung. Die Unruhe übertrug sich im Laufe des Tages auch auf die Großmutter. Schließlich holte sie einen Kochtopf, füllte ihn mit Wasser und bat das Mädchen, über die linke Schulter hineinzuspucken. Bevor sie das Wasser aus dem Fenster schüttete, sagte sie beschwörend: »Wo das Wasser hinfließt, fließt auch der Traum hin.« Zu spät, dachte sie gleichzeitig, wir hätten den Abwehrzauber sofort nach dem Aufwachen sprechen müssen. Bis tief in die Nacht warteten die beiden Frauen auf den Bräutigam. Plötzlich klopfte es zaghaft an die Tür. Annetta schluchzte auf. Sie wusste, dass es nicht ihr Liebster sein konnte. »Ja bitte?«, fragte die Großmutter. Der Bote hinter der Tür hüstelte und berichtete von einem Unglück mit vielen Toten im Bergwerk. Annetta erhob sich langsam, ihr Mund krümmte sich zu einem irren Lächeln, sie schob die Großmutter, die sie noch aufhalten wollte, zur Seite und stürzte zur Unglücksstelle. »Ich muss zu ihm«, war alles, was sie noch sagte, bevor sie sich vor den Augen der verzweifelten Menge in den Schacht stürzte. Die Seelen der beiden Liebenden finden seither keine Ruhe. Sie irren im Berg umher und warnen die Knappen durch ihr Erscheinen, wenn Gefahr in Verzug ist.

Die Teufelsmühle bei Neubrandenburg

Der Geselle Tilo kam von weit her. Seine Waden schmerzten, und seine Schuhe hatten sich in den Monaten der Wanderschaft in zwei hungrige Kükenschnäbel verwandelt. Je näher er Neubrandenburg kam, umso trübseliger wurde ihm zumute. Was, wenn mein Plan zum Scheitern verurteilt ist und ich mich mit jedem Schritt meinem sicheren Untergang nähere?, fragte er sich. Schon als Knabe hatte er das Märchen vom Teufelsmüller im fernen Mecklenburg gehört. Er hätte es sich nicht weiter zu Herzen genommen, wenn sein Kindheitsfreund Oswald nicht ausgerechnet in dieser Gegend verschwunden wäre. Tilo zweifelte nicht daran, dass Oswald vom Teufelsmüller umgebracht worden war, und fürchtete, dass das Morden immer weitergehen würde, wenn niemand den Verrückten zur Strecke brächte. Darum erklärte er den Eltern, als es Zeit für ihn wurde, zu einem Handwerker in die Lehre zu gehen, er wolle sein Glück im Norden suchen. Mittlerweile war er nur mehr wenige Meilen von seinem Ziel entfernt. Die Bauern, denen er unterwegs begegnete, bekreuzigten sich, wenn er sie nach der

Teufelsmühle fragte, und wiesen zitternd in die Richtung, wo sie Neubrandenburg vermuteten. Allzu gut kannten sie die Geschichten, die sich um das einsam im Wald gelegene Anwesen rankten.

Endlich stand Tilo inmitten eines herrlich kühlen Laubwaldes, horchte in das Vogelgezwitscher hinein und glaubte, das Klappern eines Mühlrads zu hören. Nach langem Herumirren kam er schließlich zu einem Bach, und nicht weit davon entdeckte er zwischen den Holunderbüschen die rostrote Fassade eines Hauses. Der Müller, ein grauhaariger Junggeselle mit Plauze, nahm ihn freundlich auf, zeigte ihm die Mühle, den Kornspeicher, den Stall und die beiden Ochsen, bei ihnen sollte Tilo schlafen. Das macht mir nichts aus, dachte er, ich gedenke hier nicht lange zu bleiben. Am zweiten Tag begann er mit der Arbeit. Eine Woche nach der anderen verstrich, ohne dass Tilo etwas Teuflisches an der Mühle oder dem Müller entdecken konnte. Auch das umliegende Gelände hatte er gründlich abgesucht, doch keine Spuren eines Verbrechens gefunden. Manchmal glaubte er, sich in der Mühle geirrt zu haben, doch eine andere gab es im Umkreis von Neubrandenburg nicht. Offenbar wartet der Alte auf eine passende Gelegenheit, dachte Tilo, ich werde auf der Hut sein. Eines Tages bat ihn der Müller, eine Fuhre Dung in die Mistgrube zu kippen. Thilo schöpfte sofort Verdacht, denn dies hatte der Müller bisher eigenhändig erledigt. »Haben Sie es heute im Rücken?«, fragte er mit gespielter Sorge. »Stell keine dummen Fragen, sondern tu, was dir gesagt wird!«, brummte der Müller und ließ den Gesellen keine Sekunde aus den Augen. Du bist entlarvt, dachte dieser, wartete, bis sein Herr ihm endlich den Rücken zukehrte, packte eine Mistgabel und spießte den Nichtsahnenden auf. In der Nacht vergrub er den Leichnam im Wald, kehrte ins Haus zurück, wusch sich, legte die Kleider des Müllers an und begann am Morgen sein Tagwerk.

Der Schatz im Golm

Horden von Kranken pilgerten vor Luthers Zeiten auf den im Brandenburgischen gelegenen Golm, um von ihren seelischen und körperlichen Leiden geheilt zu werden. Die von Zisterziensermönchen errichtete und betriebene Wallfahrtskapelle erfreute sich besonders am Johannistag großen Zulaufs, und die Mönche machten ein gutes Geschäft, bis die Reformation eines Tages auch an ihre Tür klopfte. Die Kapelle wurde abgetragen, die angehäuften Schätze aber sollen die Mönche im Berg vergraben haben, wenn man der Sage Glauben schenken darf.

Dem Pferdehirten Roland aus Jüterbog hatte sein Großvater die Geschichte von dem Schatz erzählt: »Durch einen Spalt im Felsen«, raunte der Greis, »soll man bei günstigen Lichtverhältnissen das Glitzern von kostbaren Devotionalien und Gold sehen können, doch wo dieser Spalt ist, weiß nur der Heilige Geist.« Er selbst hatte in seiner Jugend mit Wünschelruten nach dem Schatz gesucht, ohne Erfolg, aber das Goldfieber, das verriet der feuchte Glanz seiner Augen, hatte ihn nie losgelassen. Da schwor sich Roland, den Schatz zu finden.

Eines Tages war er mit seiner Herde auf dem Golm unterwegs und hing seinen Gedanken nach, als er plötzlich feststellte, dass er mutterseelenallein auf der Weide stand. Von den Pferden fehlte jede Spur. Kalter Schweiß brach ihm aus, er fürchtete die Strafe des Bauern. Als er verzweifelt die Gegend nach den Tieren durchforstete, begegnete er dem Zauberer Karl aus Baruth. Er fiel vor ihm auf die Knie und bat ihn um Hilfe. »Rufe deine Schützlinge nur beim Namen, einmal in jede Himmelsrichtung«, befahl der Zauberer und zwirbelte seinen Bart. »Asti, Hilla, Dunja, Sterni ...«,

Roland begann, wie ein Marktschreier die Namen auszurufen, und tatsächlich tauchten die Stuten eine nach der anderen wieder auf. Da nahm Roland allen Mut zusammen und wandte sich erneut an den Zauberer:»Darf ich dich um einen weiteren Gefallen bitten? Seit meiner Kindheit träume ich vom Schatz von Golm.«»Du wirst ihn finden und darfst ihn auch behalten. Ich helfe dir dabei.«»Und du?«, fragte ihn der Pferdehirte,»willst du nichts davon?«»Nur einen Stein, mein Lieber, pechschwarz ist er und liegt in der Tiefe des Berges irgendwo unter dem Gold vergraben.«»Wie kann ein Stein wertvoller sein als Gold?«, wunderte sich Roland. Der Zauberer zeigte nach oben und sagte im Flüsterton:»Weil er von den Sternen kommt.«

In der Nacht führte er Roland zu einer von Unkraut überwucherten Felsspalte und zündete eine Fackel an, mit der sich der Junge ins Berginnere abseilte. Und tatsächlich: Unter ihm erstreckte sich eine Landschaft aus Gold und Juwelen, genau so, wie er es sich als Kind vorgestellt hatte. Ihm gingen die Augen über. Da gemahnte ihn die Stimme des Zauberers von oben:»Den Stein zuerst, dann heben wir den Schatz!« Geblendet von all dem Glanz hielt Roland Ausschau nach einem schwarzen Stein, griff aus Versehen nach einem faustgroßen Smaragd in einer Fassung aus Rubinen und schnitt sich an einem Diamanten blutig. Heilige Mutter Gottes, dachte er, wenn der Großvater diese Pracht sehen könnte!»Wird's bald?«, dröhnte Karls Bass über ihm. Da beging Roland einen Kardinalfehler. In seiner Ungeduld hob er den erstbesten Stein vom Boden auf, band ihn an den Strick, an dem er sich abgeseilt hatte, und schickte ihn hinauf.»Du Lump!«, schallte es kurze Zeit später durch die Höhle.»Du wolltest mich betrügen!« Der Stein kam herabgesaust und schlug scheppernd auf den Juwelen auf. Das Seil flog hinterher. Kurz bevor Rolands Fackel zischend erlosch, fielen ihm die kauernden Skelette am Höhlenrand auf. Resigniert setzte er sich dazu.

DIE DREI LINDEN AUF DEM HEILIGEN-GEIST-KIRCHHOF ZU BERLIN

Die Brüder Horst, Hans und Hubertus lebten als Junggesellen im Bedienstetentrakt des Heiligen-Geist-Spitals, wo sie sich aus purer Nächstenliebe der Pflege der Alten und Kranken widmeten. Bisher hatten sie immer Glück gehabt und sich mit keiner Krankheit angesteckt. Dies bestärkte sie in dem Glauben, dass der Allmächtige ein Auge auf sie hatte und sie nicht im Stich lassen würde.

Eines Tages wurde der älteste Bruder, Horst, des Mordes an einer wohlhabenden Witwe angeklagt, er hatte sie angeblich zu Tode gepflegt. Horst beteuerte vor Gericht seine Unschuld, die alte Frau sei in seinen Armen friedlich eingeschlafen. Doch niemand glaubte ihm, und so drohte ihm der Tod am Galgen. Während er im Gefängnis saß, machten sich Hans und Hubertus unabhängig voneinander zum Gerichtsgebäude auf, um dem Richter zu verkünden, dass sie die Alte erdrosselt (Hans) und erschlagen (Hubertus) hätten. Als Horst von der selbstlosen Rettungstat seiner Brüder hörte, legte auch er ein Geständnis ab und behauptete, die Witwe mit dem Saft von blauem Eisenhut vergiftet zu haben. Der irritierte Richter, ein tiefgläubiger Christ, witterte, dass etwas grundsätzlich nicht stimmte, und meinte, hier könne nur ein Gottesurteil helfen. »Der Himmel mag die Entscheidung treffen«, sagte er. »Jeder von euch soll eine Linde mit der Krone in die Erde pflanzen. Wessen Baum als erster vertrocknet, der soll am Galgen baumeln.« Die Brüder wünschten einander viel Glück und pflanzten ihre Linden auf dem Heiligen-Geist-Kirchhof – mit den Kronen nach unten, genau wie es der Richter befohlen hatte. Als dieser wenige Wochen später zur Inspektion kam, fiel er auf die Knie und küsste die Erde. Sein Gefolge tat es ihm nach, ohne zu wissen, warum, doch bald erkannten sie den Grund seiner Freude und verbreiteten die Nachricht in der ganzen Stadt und über die Stadtgrenzen hinaus: Alle drei Bäume hatten Wurzeln geschlagen und junge Triebe gebildet. Die Unschuld der Brüder war erwiesen. Alles, was zwei Beine hatte, pflegte von da an zu den drei Linden, die sich im Laufe der Zeit prächtig entfalteten, zu pilgern, um dieses Wunder zu bestaunen.

Die Roggenmuhme

Im Zuge der Industrialisierung begannen die Naturgeister sich in der menschlichen Gesellschaft zu langweilen und brachen schließlich jeglichen Kontakt ab. Lange vor diesem Rückzug pflegte die Roggenmuhme aus der Ordnung der Erdgeister den Kindern auf dem flachen Land nachzustellen. Auf das windbewegte Korn deutend, warnten die Mütter ihre Kleinen davor, ins Feld zu gehen, denn dort lauerte sie und würde ihnen zwar nicht die Augen auskratzen oder den Kopf abschlagen – dafür befiel ihre Opfer eine bleierne Müdigkeit, so dass sie mit glühenden Wangen zu Boden sanken und die Besinnung verloren. Für die Nachwelt sind nur wenige Beschreibungen der Roggenmuhme überliefert. Die meisten wollen ihr in Gestalt einer alten Frau im roten Rock begegnet sein.

Prinzessin Svanvithe und der Schatz unter dem Garzer Wall auf Rügen

rinzessin Svanvithe war das einzige Kind des Königs von Rügen, eines verbitterten Despoten. Seine Tochter erzog er mit an Grausamkeit grenzender Strenge. Mal sollte sie eine Flöte schnitzen und darauf ein selbst komponiertes Lied spielen, mal ihren Lieblingskarpfen aus dem Zierteich fischen. Das Flötenspiel hörte sich der König gar nicht an, und den Karpfen ließ er den Katzen vorwerfen. So fühlte sich die Prinzessin bereits im Alter von sechzehn Jahren ungeliebt und unnütz. Um den Vater zu beeindrucken, ließ sie sich eines Tages etwas Besonderes einfallen. Auf ganz Rügen ließ sie durch eine Gauklertruppe verkünden, dass sie den Heidenschatz unter dem Garzer Wall heben wolle. In jedem Dorf, wo die Truppe auftrat, flogen die Hüte und erschallten Hurra-Rufe. Denn jedes Kind auf der Insel wusste, dass nur eine jungfräuliche Prinzessin den Eingang zur Kammer finden konnte, wo der letzte Heidenkönig seine Reichtümer versteckt haben sollte.

In der Johannisnacht zündete Svanvithe eine Fackel an und stieg auf den Wall. Nach stundenlangem Umherirren fand sie tatsächlich den Zugang zum unterirdischen Saal, trat ein und erstarrte vor Staunen. Berge von Gold umgaben die Prinzessin: Tiaren, Armbänder, Colliers. Sie begann, die schönsten Stücke in ihre Taschen zu füllen, doch als sie schwerbeladen zurück nach oben kletterte, fiel ihr eine Spinne ins Gesicht, und sie musste laut niesen. Sofort flog die mächtige Tür über ihr zu, die Fackel erlosch, und Svanvithe blieb gefangen in der Schatzkammer. Es hätte sie gefreut, zu wissen, dass ihr Vater, solange er lebte, zahlreiche Suchaktionen startete, um seine Tochter zu finden. Der Gedanke, dass er als gebrochener Mann starb, hätte sie jedoch traurig gemacht, denn sie liebte ihn von ganzem Herzen.

Der Heilige Damm

ie Kraft der Gedanken vermag zwar keine Berge zu versetzen, aber sie ist durchaus imstande, über Nacht einen Damm in der Ostsee entstehen zu lassen. Davon legt die historische Tragödie Zeugnis ab, die sich vor Hunderten von Jahren in der Nähe von Doberan ereignete. Eine Sturmflut bisher unbekannten Ausmaßes überschwemmte eine Ortschaft nach der anderen, Menschen und Vieh ertranken elendig, die Früchte jahrzehntelanger Arbeit wurden vor den Augen der verzweifelten Einwohner vernichtet. Zum Glück fand sich in der Doberaner Oberschicht ein Mann, der auf Anraten seines Hausgeistes, eines zahmen Kobolds, berittene Boten aussendete, damit sie die Nachricht von der tobenden See im ganzen Mecklenburger Land verbreiteten und die Bevölkerung zum Beten aufforderten. »Betet bis zum Morgengrauen und stellt euch dabei einen Damm vor, der sich vor der Ostseeküste aus dem Wasser erhebt«, riefen sie, während sie durch Dörfer und Städte ritten und großzügig Münzen verteilten. Vom Weltraum aus sah die mecklenburgische Ebene in dieser legendären Nacht hell erleuchtet aus, fast in jedem Haus brannte eine Kerze, es wurde gebetet und ein rettender Damm herbeigesehnt. Als der nächste Morgen anbrach, hatte sich das Wasser tatsächlich zurückgezogen, und vor den staunenden Bewohnern von Doberan lag ein Deich, der sie von nun an vor Sturmfluten schützte. Sie nannten ihn den heiligen Damm, da das Wunder auf Betreiben der Kirche ausschließlich Gottes Barmherzigkeit zugeschrieben wurde, der Anteil der Menschen daran war schnell vergessen.

Die Stadt Vineta

Seit Jahrhunderten erzählt man sich auf Usedom die Sage von der untergegangenen Handelsmetropole Vineta, die mit Abstand die größte Stadt des Altertums gewesen sein soll. Ihr unverschämter Reichtum ließ die Besucher vor Neid erblassen, doch für ihre Einwohner war er selbstverständlich. Sie ließen die Fassaden mit Bernstein verkleiden, die Gassen mit Marmorsteinen pflastern und ihre Pferde mit Silber beschlagen. Die multikulturelle Bevölkerung frönte dem Heidentum, selbst die aus christlichen Gebieten hinzugezogenen Mitbürger hatten Spaß daran, den alten Glauben ihrer Großväter wiederzuentdecken.

Zu einer Zeit, als die Stadt sich ihrer höchsten Blüte erfreute, kam ein nordischer König zu Besuch. In der Hoffnung, den Nachbarn als Handelspartner zu gewinnen, führten die Ältesten den Monarchen durch Vineta. Der Anblick des Reichtums wirkte wie ein Keulenschlag auf den Gast, doch noch mehr erschütterte ihn die Vielfalt der Bürger. »Wie ist es möglich, dass ihr diese Dunkelfratzen innerhalb der Stadtmauern duldet?«, fragte er die Ältesten und deutete auf eine Gruppe exotisch gekleideter Kaufleute, die sich, Haschisch rauchend, um ei-

nen Slawen mit einem Bärenjungen auf dem Arm scharten. »Diesen Dunkelfratzen, o König«, antworteten die Ältesten, »verdankt die Stadt ihre Bedeutung und ihren Reichtum.« Gedemütigt und von Neid zerfressen kehrte der König nach Hause zurück. Sein Leben schien ihm rückständig und leer, nach allem, was er bei den Nachbarn gesehen hatte. Also fasste er einen Entschluss: »Als treuer Gefolgsmann Christi kann ich dem unzüchtigen Treiben dieser Heiden nicht tatenlos zusehen und erbitte Euren Segen für eine bewaffnete Pilgerfahrt«, schrieb er in einem Brief an den Papst. Sein Wunsch wurde erhört, und so rüstete er eine Flotte von mehreren Kriegsschiffen auf und stach in See, um sich an den Vinetern zu rächen. Nachdem die Stadt geplündert und niedergebrannt worden war, ließ er die schützenden Dämme um Vineta einreißen, und was den Menschen noch standgehalten hatte, fiel bald den Sturmfluten zum Opfer, die von nun an leichtes Spiel hatten.

Als Greis pflegte der König jeden Abend ans Ufer zu treten und Richtung Usedom zu schauen. Und jedes Mal glaubte er sie zu sehen: die glücklichste aller Städte mit ihren Bernsteinfassaden und ihrem marmornen Straßenbelag, wie sie aus dem Wasser auftauchte und über den Wellen flimmerte. Einmal fragte er seinen Laufburschen, ob auch er da drüben etwas sehe, doch der junge Mann grinste nur und behauptete, er könne nichts erkennen.

martin eisenarm

Friedrich, der König von Sizilien und Jerusalem, deutscher König und Kaiser des Heiligen Römischen Reiches, bereiste im Jahre 1237 Wien. Über seinen Besuch stand die ganze Stadt kopf. Friedrich wurde mit Geschenken überhäuft, eine Einladung jagte die nächste. »Was gibt es Spannendes bei euch in Wien?«, fragte er die Vertreter des lokalen Adels, die ihm eines Morgens beim Frühstück Gesellschaft leisteten. »Unbedingt die fesche Mimmi vom Hohen Markt«, antwortete einer der Anwesenden, dem alle zustimmten. »Und dann noch das Lisl vom Fleischmarkt und ihre Schwester Mizzi, die im Haus eine Barbierstube betreibt!«, fügte ein anderer hinzu. Der Kaiser runzelte die Stirn. »Sonst noch etwas?« Nach langem Grübeln fiel der Name des Hufschmieds Eisenarm, der als bärenstark, riesig und gotteslästerlich galt. »Wie lästert er denn gegen Gott?«, erkundigte sich der Kaiser. »Er arbeitet an Sonn- und Feiertagen.« Friedrich schüttelte den Kopf, ein Untertan, der gegen das Kirchengebot verstieß, war unmittelbar zu bekehren. »Ich übernehme den Fall«, entschied er, »und reite am nächsten Sonntag inkognito zu diesem Eisenarm.«

Als Friedrich verkleidet auf dem Hof des Schmiedes erschien, sperrte dieser gerade seine Werkstatt ab. »Nanu, guter Mann, es ist erst zwölf Uhr mittags«, sagte Friedrich. »Der Laden schließt, tut mir leid«, erwiderte Eisenarm. »Bitte, würdest du nicht noch rasch mein Pferd beschlagen? Für dein Entgegenkommen werde ich dich gebührend entschädigen«, sagte Friedrich und wedelte mit einem Geldbeutel vor Eisenarms Nase. Der Schmied lehnte ab, für heute habe er genug verdient. »Hundert Goldgulden. Dafür wirst du den Hammer an den Nagel hängen können und bis zu deinem Lebensende nicht arbeiten müssen.« Eisenarm seufzte und musterte sein Gegenüber geringschätzig. »Nein heißt nein!« Da platzte Friedrich der Kragen: »Ich bin dein Kaiser, du Narr. Nicht genug, dass du dich mit deiner sonntäglichen Arbeit an Gott versündigst, deinen Gebieter verhöhnst du noch dazu.« »Unwissentlich, mein Kaiser, bitte um Verzeihung«, stotterte Eisenarm und wollte vor Scham im Boden versinken. »Schon gut«, murmelte Friedrich, »aber warum arbeitest du sonntags?« Der ehrliche Schmied gestand, dass er eine große Familie ernähren müsse. Außerdem müsse er immer damit rechnen, dass seine kaiserliche Majestät seiner Dienste bedürfe. Friedrich lächelte über diese Antwort. Er ließ sein Pferd beschlagen, schenkte dem Schmied die versprochenen hundert Goldgulden und sagte: »Du darfst niemandem erzählen, dass ich bei dir war, es sei denn, du bekommst mich noch hundert Mal zu Gesicht.« Eisenarm versprach, sich daran zu halten. Doch am nächsten Tag wusste ganz Wien darüber Bescheid, dass der Kaiser dem legendären Schmied einen Besuch abgestattet hatte. Als Friedrich davon Wind bekam, ließ er Eisenarm zu sich kommen. »Was fällt dir ein«, fuhr er ihn an, »du hast mir doch dein Wort gegeben.« »Ich habe es nicht gebrochen«, erklärte der Schmied, »hundert Mal habe ich mir das Profil meines Kaisers auf den Goldgulden angeschaut, ehe ich in der Kneipe davon erzählte.« Da konnte Friedrich dem schlauen Schmied nicht mehr böse sein und entließ ihn nach Hause.

Die Teufelsmauer bei St. Johann in der Wachau

Einem besonders frechen Erdgeist war die neu erbaute Kirche von St. Johann ein Dorn im Auge. Wo er mit den süßen Donaunixen noch letztes Jahr Fangerln gespielt hatte, tummelten sich nun Horden von Pilgern, die mit ihrem Geschrei, ihren flatternden Fahnen und grellen Gewändern seinen Frieden störten. Als die Gebeine des heiligen Albinus, Patron der Donauschiffer, in der Kirche aufgebahrt wurden und der Zustrom der Frömmler noch größer wurde, platzte dem Kobold der Kragen. »Wir müssen dem Wahnsinn ein Ende setzen, meine Damen«, sagte er zu seinen Freundinnen. »Wir bauen eine Mauer quer über die Donau und lassen das aufgestaute Wasser die Kirche überfluten.« Die Nixen klatschten in die Hände. Solange es lustig zuging, war ihnen jede Missetat willkommen. Bevor sich die Schar der Geister jedoch an die Arbeit machte, wurde noch der Herr um Erlaubnis gefragt, schließlich war die Erde sein Werk. Der Plan wurde genehmigt, allerdings unter der Bedingung, dass der Bau in nur einer Nacht vor dem ersten Hahnenschrei vollendet sein müsse. Der weitsichtige Kobold schickte daraufhin eine Geflügelpest über die Wachau, der nicht nur die Hähne, sondern auch alle Hühner und Gänse zum Opfer fielen. Im Umkreis der Kirche von St. Johann wurde es ganz still. »Es ist so weit«, sagte der Kobold, »jetzt können wir unsere Mauer errichten!« Die Nixen freuten sich schon darauf, in der überfluteten Kirche spielen zu können, und machten sich jauchzend an die Arbeit. Nur eine alte Nixe vom Rhein hielt sich zurück. Nachdenklich schaute sie dem fröhlichen Treiben aus der Ferne zu. Je höher die Mauer wuchs, umso größer wurde ihr Mitleid mit den Bewohnern des Tals. Viele Schiffer hatte sie auf dem Gewissen, viel zu viele junge Burschen hatte sie ins Verderben gestürzt. Jetzt schämte sie sich ihrer Jugendsünden und beschloss, sich auf die Seite der Menschen zu schlagen. Sie schwamm schleunigst nach Wien, suchte nach einem Hahn, fand schließlich einen Zwerggockel und kehrte mit ihm kurz vor Morgengrauen nach St. Johann zurück. Kaum hatte sie den Hahn vor dem Tor der Kirche ausgesetzt, krähte er drei Mal, und die aus Felsblöcken aufgetürmte Mauer löste sich in Luft auf. Nur ein kleines Stück blieb am linken Flussufer stehen. »Was zum Teufel«, schrie der Kobold, »wo kommt der Hahn her?« »Aus Wien«, murmelte die alte Nixe und verschwand kichernd in den Tiefen der Donau.

Richard Löwenherz in Dürnstein

Richard Löwenherz, der König von England, saß als Pilger verkleidet am Fenster einer schummrigen Schenke und hing seinen Gedanken nach. Ja, grübelte er, wir hatten Pech, Jerusalem konnte nicht erobert werden. Ob der Papst dennoch Wort hält und den Kreuzrittern ihre Sünden vergibt? Die meisten der Jungs haben ja an jeder Ecke für drei gesündigt, um sich bei Laune zu halten, und nicht wenige haben sich verschuldet bis über beide Ohren, damit sie an der Partie teilnehmen konnten. Ach Gott, alles für die Katz. Zerschellt ist unsere Hoffnung an den Harnischen der widerwärtigen Ungläubigen. Ade, Jerusalem. Und dass Leopold so ein Verräter ist, hätte ich nie gedacht. Aber mein Gott, wenn man so unbedeutend ist wie der Herzog von Österreich. Vielleicht habe ich ihn wirklich gekränkt, als ich die blöde Fahne herunterreißen ließ, aber ich wusste wirklich nicht, dass es die seine war. Dass er es überhaupt geschafft hat, sie auf dem Wall aufzupflanzen, während ringsum noch gekämpft wurde. Der gierige Zwerg. Es war schon richtig, sie in den Graben zu werfen. Und von so einem muss ich nun Rache fürchten. Suche nur weiter, Freundchen, dein alter Verbündeter wird bald über alle Berge sein. Na, was sind das für Randalierer? Oder suchen sie etwa jemanden? Mich braucht ihr nicht so anzustarren, ich bin ein einfacher Pilger. Das kann euch der Wirt bestätigen. Na, dann kommt doch an meinen Tisch, ich stelle mich dumm. Jetzt verbeugen sie sich noch vor mir, herrje. Was – Richard Löwenherz schrie und strampelte aus Leibeskräften, doch es nützte nichts. Er wurde fortgeführt und in ein Verlies gebracht. Wo genau es sich befand, wusste er nicht. Das einzig Erfreuliche ist, dass ich nicht eingemauert wurde, dachte er bei sich, so besteht noch Hoffnung, dass man mich am Leben lassen wird. Mich öffentlich hinzurichten lohnt sich nicht, mich zu verkaufen hingegen könnte Leopold sanieren. Hallo Wächter! Bitte auf ein Wort. Na? Was war denn das? Es klingt, als würde da draußen jemand singen. Hallo? Hilfe! Zu Hilfe!

Der Zufall wollte es, dass in jener Nacht ein betrunkener Mönch Rast an der Turmmauer machte und das Jammern des Königs hörte. Nach einer mühsamen Verständigung auf Latein eilte er nach Krems und erzählte der Obrigkeit, welch hochkarätiger Fremder in der Burg Dürnstein schmachtete. Zum Beweis legte er die Leibwäsche des Königs mit dem gestickten Drei-Löwen-Wappen auf den Tisch. Diesem bescheidenen Diener Gottes hat England es zu verdanken, dass Richard Löwenherz gefunden wurde, freigekauft werden und nach Hause zurückkehren konnte.

Der Bindergeselle von Neusiedl

Der Fassbinderberuf verlangte von einem Mann Kraft und Geschick, Flinkheit und Fleiß. Da sich der berühmteste aller Fassbindergesellen, Markus Neusiedl vom Neusiedler See, auf sein Handwerk verstand und äußerst bescheiden lebte, hatte er am Ende seiner fünfjährigen Wanderzeit einen hübschen Zehrpfennig zusammengespart. Als seine Lehrjahre vorüber waren, beschloss er, sein Bündel zu schnüren und im geliebten Neusiedl eine eigene Werkstatt aufzumachen. Schlau wie er war, verbarg er sein Erspartes im hohlen Stiel eines Schlegels, den er selbst geschnitzt und mit aufwändigen Ornamenten verziert hatte. In seiner Vorstellung hing der Schlegel bereits über der Türschwelle seiner zukünftigen Werkstatt – als Symbol seines Fleißes und als Erinnerung an seine Walz. Zunächst bewegte er sich auf seinen kräftigen Beinen fort, doch als sich ihm in Regensburg eine kostenlose Mitfahrgelegenheit die Donau hinunter bot, ging er an Bord eines holländischen Schiffes, das Kalbshäute nach Wien transportierte. Markus litt Höllenqualen wegen des Gestanks und dachte immer wieder daran, was für ein Glück er doch hatte, kein Gerber, Abdecker oder Matrose auf einem solchen Dampfer zu sein. Die Reise nahm jedoch wenig später ein jähes Ende, als das Schiff in den Greiner Strudel geriet, gegen die Felsen geworfen wurde und havarierte. Sich selbst konnte Markus retten, nicht aber seinen Schlegel. Nun war er genauso arm wie zuvor. Zu Hause angekommen, hielt er prompt um die Hand einer älteren Witwe mit drei Kindern an und legte die Karten offen auf den Tisch: »Arm bin ich, dafür aber fleißig. Gib mir drei Jahre, dann werde ich dich wie eine feine Dame kleiden.« »Du warst doch auf der Walz und hast Geld verdient. Wo ist es?«, fragte die Witwe. »Vom Strudel verschluckt«, erwiderte Markus und schilderte ihr das Unglück bei Grein. Die Witwe glaubte ihm kein Wort, heiratete ihn aber trotzdem, und wirklich vergingen keine drei Jahre, ehe sie dank des ungebrochenen Fleißes ihres Mannes die schönsten Kleider in ganz Neusiedl trug. Sie blühte auf und bekam sogar noch ein Kind. Eines Tages ging die glückliche Familie am Ufer des Neusiedler Sees spazieren, als Markus über einen unter Tang und Sand versteckten Gegenstand stolperte. Er betrachtete ihn und erkannte staunend seinen alten Schlegel. Feierlich schraubte er vor den Augen der ungläubigen Ehefrau den Stiel auf und holte die mühsam verdienten Ersparnisse seiner Jugend heraus. »Wie ist das möglich?«, rief er aus, »verloren habe ich ihn auf der Donau, aufgetaucht ist er jetzt hier.« Die einzige Erklärung schien ihm, dass die Donau durch eine unterirdische Verbindung mit dem Neusiedler See verbunden war.

WILHELM TELL

Der fromme Bauer Wilhelm Tell lebte abgelegen in den Bergen und kam nur am Wochenende nach Altdorf, um einzukaufen und ein Bier in der Schenke *Zum großen Dursti* zu trinken. Als er einmal mit seinen beiden Söhnen wie gewohnt ins Dorf herunterkam, stach ihnen am Ortseingang ein Stock mit einem daraufgepflanzten Hut ins Auge. Sie traten näher und betrachteten die seltsame Einrichtung. »Zu dünn für eine Vogelscheuche«, bemerkte der jüngere Sohn. »Und völlig fehl am Platz«, bestätigte der ältere. In diesem Augenblick kam eine Bäuerin vorbei, verbeugte sich vor dem Stock und ging weiter. Tell schüttelte darüber den Kopf und steuerte mit seinen Kindern auf den Bäckerladen zu. Plötzlich wurde er an der Schulter gepackt. »Aua«, schrie Tell und drehte sich überrascht um. Jeder andere wäre vor Schmerzen zusammengebrochen, denn der Soldat des kaiserlichen Landvogts Gessler, der ihn gepackt hatte, trug trotz des sommerlichen Wetters einen Panzerhandschuh. »Grüße den Herrn Landvogt«, knurrte der Soldat durch die Zähne und deutete zum Pfahl mit Hut. »Hast du einen Sonnenstich?«, fragte Tell, »seit wann ist Herr Gessler ein Stock?« »Seit letzter Woche«, antwortete der Soldat, »wirst du ihn grüßen?«

Tell weigerte sich. »Ich mache mich nicht zum Esel«, sagte er. Daraufhin führte man ihn zum Landvogt. Dieser saß im Schatten einer Linde mitten auf dem Marktplatz und schlürfte ein Getränk. Er wusste sofort, wer vor ihm stand: der beste Armbrustschütze des Landes. Als Tell Anstalten machte, seinen Hut zu ziehen und sich vor dem Landvogt zu verbeugen, lachte Gessler: »Zu spät. Du hast meine Gesetze missachtet. Du hättest dich vor dem Stock mit meinem Hut verneigen sollen.« Wilhelm Tell schwieg und senkte den Kopf. »Ich habe aber genug Anstand, um dich dafür nicht zu bestrafen. Nur um einen kleinen Gefallen will ich dich bitten. Lass mich sehen, ob das Gerücht stimmt und du wirklich so ein begnadeter Schütze bist«, fuhr der Vogt fort. Erleichtert und geschmeichelt erkundigte sich Tell, worauf er mit seiner Armbrust schießen solle. Der Landvogt winkte einen Apfelverkäufer aus der Menge der Gaffer herbei und entwendete ihm zwei Äpfel. Mit den Worten »Triffst du zweimal das Ziel, so hast du mich von deinen Schießkünsten überzeugt« platzierte er je einen Apfel auf die Köpfe von Tells Söhnen, die genau wie der Vater starr vor Entsetzen waren. Tell flehte, ihm diese grausame Aufgabe zu erlassen. Doch der Landvogt ließ sich nicht erweichen. Da spannte Tell seine Armbrust, sprach ein Gebet und schoss glücklich die beiden Äpfel herunter. Der Landvogt breitete voll des Lobes die Arme aus: »Fulminant, das geht in die Geschichte ein! Aber sag mir, Tell«, er deutete auf den Pfeil, den Tell vorher in seinen Stiefelschacht gesteckt hatte, »wozu brauchst du den dritten Pfeil?« »Ach ja«, sagte Tell, »den hätte ich fast vergessen. Der ist für Euch!« Und er spannte die Armbrust auf und schoss dem tyrannischen Landvogt ins Herz.

INHALT

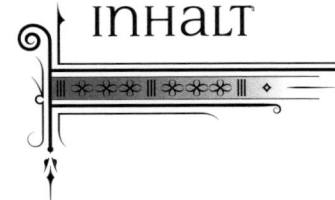

Die Nixe vom Mummelsee ... 7
Die Weiber von Weinsberg ... 9
Der Wunderstein in der Blauquelle ... 12
Die Melusine auf Schloss Staufenberg ... 14
Das Rockenweiblein bei Schloss Eberstein
  im Schwarzwald ... 18
Notburga in Hochhausen am Neckar ... 22
König Watzmann ... 25
Der Turm des Rathauses von Rothenburg ... 28
Der Rabe auf Burg Stolzeneck ... 31
Die zwei buckligen Musikanten zu Aachen ... 35
Die Jungfrau am Drachenfels ... 39
Die Loreley ... 40
Der Binger Mäuseturm ... 43
Die Rache der Zwerge ... 46
Die Entstehung Frankfurts ... 47
Der Huckup von Hildesheim ... 49
Der Rosenstrauch zu Hildesheim ... 53
Der Gevatterbrief vom Schalksberg bei Gilde ... 54
Der Buttfang am Sonntag ... 57
Der Rattenfänger von Hameln ... 60
Altona ... 64
Inge von Rantum und der Meermann auf Hörnum ... 66
Moders Hart is harter as en Steen ... 68
Der Schimmelreiter ... 69
Marenholz ... 72
Der Freischütz ... 74

Der Rosstrapp ... 77
Die Entstehung der Bergwerke zu Rammelsberg ... 79
Die weiße Jungfrau auf Burg Osterode ... 84
Friedrich Rotbart im Kyffhäuser ... 87
Martin Luther auf der Wartburg ... 88
Tannhäuser verlässt Venus ... 90
Der Pumphut im Vogtland ... 92
Rübezahl als Menschenfreund ... 95
Die treue Bergmannsbraut ... 97
Die Teufelsmühle bei Neubrandenburg ... 100
Der Schatz im Golm ... 102
Die drei Linden auf dem Heiligen-Geist-Kirchhof
zu Berlin ... 104
Die Roggenmuhme ... 107
Prinzessin Svanvithe und der Schatz unter dem
Garzer Wall auf Rügen ... 108
Der heilige Damm ... 111
Die Stadt Vineta ... 112
Martin Eisenarm ... 116
Die Teufelsmauer bei St. Johann in der Wachau ... 118
Richard Löwenherz in Dürnstein ... 121
Der Bindergeselle von Neusiedl ... 123
Wilhelm Tell ... 125

Literaturverzeichnis ... 132

Literaturverzeichnis

Badisches Sagenbuch, herausgegeben von August Schnezler, Karlsruhe 1846
Ludwig Bechstein, Deutsches Sagenbuch (1853), herausgegeben von K. M. Schiller, Meersburg/Leipzig 1930
Deutsche Sagen, herausgegeben von den Brüdern Grimm, Berlin 1816/18
Deutsche Volkssagen, erzählt von Arno Reissenweber, illustriert von Horst Lemke, München 1956
Das große Buch der Volkssagen, herausgegeben von Edmund Mudrak, Reutlingen 1962
Das große deutsche Sagenbuch, herausgegeben von Heinz Rölleke, Düsseldorf 1996
Adalbert von Herrlein, Die Sagen des Spessart, Aschaffenburg 1851
Hessische Sagen, herausgegeben von Ulf Diederichs und Christa Hintze, Düsseldorf/Köln 1978
Hermann Lübbing, Friesische Sagen, Jena 1928
Märkische Sagen, herausgegeben von Ingeborg Drewitz, Düsseldorf/Köln 1979
Anton von Mailly, Niederösterreichische Sagen, Leipzig 1926
Norddeutsche Sagen, herausgegeben von Adalbert Kuhn und Wilhelm Schwartz, Leipzig 1848
Friedrich Panzer, Bayerische Sagen und Bräuche, München 1848
Erich Pohl, Die Volkssagen Ostpreußens, Königsberg 1943
Kurt Pomplun, Berlins alte Sagen, Berlin 1964
Heinrich Pröhle, Deutsche Sagen, Berlin 1879

Rheinlandsagen, herausgegeben von August Antz, Wittlich 1950
Sagen aus Deutschland, ausgewählt und herausgegeben von Eugen Fehrle, Wien/Heidelberg 1965
Sagen aus Böhmen, herausgegeben von Josef V. Grohmann, Prag 1863
Der Sagenschatz des Königreichs Sachsen, herausgegeben von Johann Georg Theodor Grässe, Dresden 1874
Die schönsten Sagen aus Österreich, ausgewählt und bearbeitet von Käthe Recheis, Berlin/Wien 1970
Schwäbische Volkssagen, herausgegeben von Friedrich Heinz Schmidt-Elbhausen, Stuttgart 1962
Westphälische Sagen und Geschichten, herausgegeben von H. Seiler, Elberfeld 1831

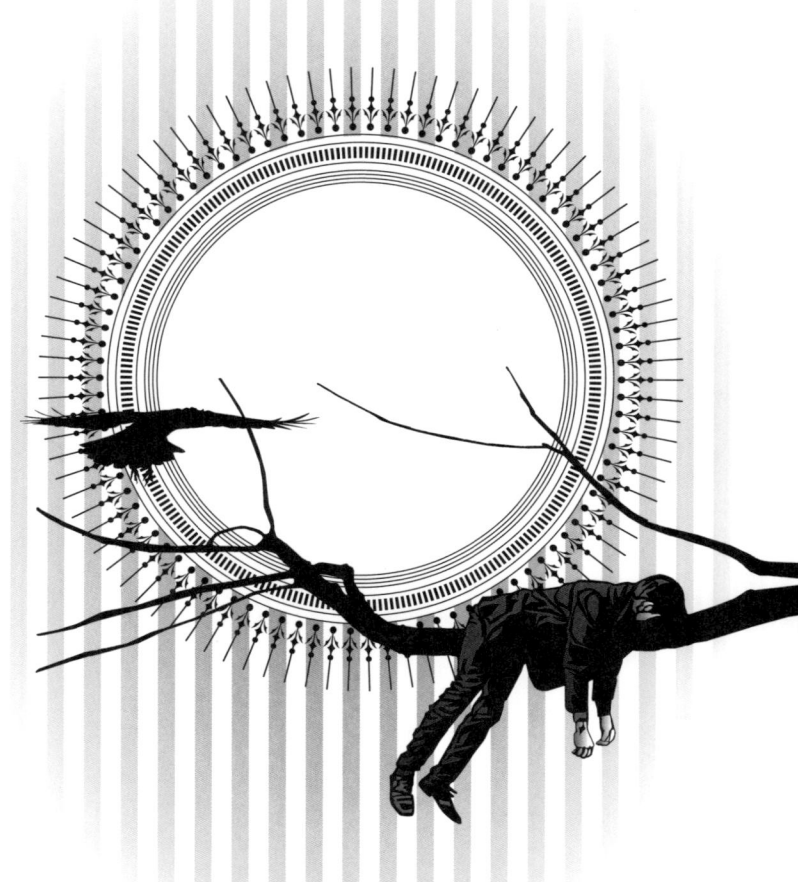

2. Auflage 2017. © für diese Ausgabe Insel Verlag Berlin 2017. Alle Rechte vorbehalten, insbesondere das der Übersetzung, des öffentlichen Vortrags sowie der Übertragung durch Rundfunk und Fernsehen, auch einzelner Teile. Kein Teil des Werkes darf in irgendeiner Form (durch Fotografie, Mikrofilm oder andere Verfahren) ohne schriftliche Genehmigung des Verlages reproduziert oder unter Verwendung elektronischer Systeme verarbeitet, vervielfältigt oder verbreitet werden. Bezugspapier: Burkhard Neie, Berlin. Gesetzt in der Schrift Rotis und Multima. Gedruckt auf holzfreies, alterungsbeständiges Werkdruckpapier der Firma Cordier, Bad Dürkheim von der Memminger MedienCentrum AG. Gebunden in Fadenheftung von der Conzella Verlagsbuchbinderei GmbH & Co KG, Aschheim-Dornach. Printed in Germany. Erste Auflage 2017.

ISBN 978-3-458-20022-2

Die Auswahl der Volkssagen besorgte Matthias Reiner.